KB202714

동방정교회의 역사와 영성

동방정교회의 역사와 영성

이기영 지음

동연

머 리 말

　역사를 돌아보면 그리스도교 영성은 성령 안에서 걸어가는 삶의 방식이다. 그러니 그것은 삶의 일부가 아니라 전체를 포함한다. 그것은 하나님, 우리 자신, 다른 사람들, 피조세계 등에 대한 우리의 관계이다. 성서는 표준적인 원리, 인생 체험에 대한 긍정적인 본보기와 부정적인 본보기, 다른 모든 것들이 의지하고 있는 예수 그리스도의 복음의 하나님 나라 공동체 실현을 제공해준다.

　초기 그리스도교 시대는 아시아, 아프리카, 유럽 등 여러 문화권으로 확장했다. 초창기에는 로마제국을 비롯하여 여러 지역에서 극심한 박해가 있었다. 그리스도교 전통에서 죽음으로 증거한 순교자들은 목숨보다도 신앙을 더 귀중하게 여겼으므로 그 증인이 되었다. 그리스도인들에 대한 박해는 신약시대에 시작되어, 313년 콘스탄티누스 대제가 그 신앙을 합법화함으로써 종식되었다.

　비잔틴 제국이라고 불리게 된 로마제국의 동쪽 지역은 서쪽 지역과는 다르게 발달하여, 서방에서 죄로부터의 구속과 죄 사함으로서의 '십자가'를 중시한 것과는 달리 죽음을 이긴 승리로서의 '부활'과 인간의 신화(神化, theosis)를 강조했다. 예수기도와 침묵(hesychasm), 이콘(icon)이 동방 영성의 특징이 되었다. 동방 교회의 영성은 항상 그 거룩한 전통으로 되돌아감으로써, 스스로를 새롭게 한다. 그리스도교적인 삶의 전 과정을 신화(神化, theosis)로 보았다. 이 용어는 신약성서에 단 한 번 분명하게 등장한다: "신의 성품에 참여하는 자가 되게 하려 하였으니"(벧후 1:40). 이 말씀은 신약성서의 메시지의 기초가 되는 것으로 이해되었으며 그리스도교 영성의 기초가 되었다.

아프리카 이집트에서 시작된 안토니(Anthony, 250~353)의 수도원 운동은 줄곧 동방과 서방의 전통을 형성한 실험의 무대였다. 수도원 운동은 권력과 강제가 아니라 침묵과 겸손 안에서 세상을 변화시키려 한다. 서방세계의 수도원 운동은 평신도 항의 운동으로서 가톨릭교회 내에 활발한 영적 저술 활동을 낳았다. 13세기의 탁발 교단들과 16세기의 예수회의 활동에 힘입어 수도회들의 이상은 세상을 위한 봉사로 확대되었다. 수도원 안에서 '학문에 대한 사랑과 하나님을 향한 갈망'이 조성되었다. 영성에 대한 가톨릭교회의 주장들 및 전반적인 구조에 대한 도전으로 개신교가 등장했다. 그들이 주장하는 요점은 '은혜로만, 믿음으로만, 성서로만'이었다. 개신교도들은 가톨릭의 영성에서 다양하게 빌려온 것들을 가지고서 새롭게 출발했지만, 항상 뿌리는 성서의 가르침에 대한 그들의 이해에 두었다.

오늘 우리 삶의 모든 분야에서 일어나는 불의와 윤리적 위기는 근본적으로 영적인 것이고, 하나님과 우리의 관계 그리고 사람과 물질적 부(富)의 관계에서 무언가 잘못 작동하고 있는 데 대한 경고가 피조 세계 곳곳에서 일어나고 있는 현상이다. 그럼에도 영성적 삶으로 순결한 마음을 가진 사람은 자신을 피조 세계 전체와 특별히 동물 세계와 연합시켜주는 그 무엇을 느끼게 된다는 사실을 사막교부들은 일찍이 알았다. 그것은 동방과 서방 그리스도교 사이에서 여러 가지 병행을 발견케 해주는 현실이다. 북러시아의 숲속에서 곰을 먹였던 사로브의 성 세라핌(1759~1833)이 그랬고, 우주의 제 요소에게 말을 걸었던 아시시의 성 프란치스코(1181~1226)가 그랬다. 이 관계는 단지 감동적인 것을 넘어서 그 동기와 내용에서 심오하게 영적이다. 그것은 피조 세계와의 일체성과 자비의 감정을 표현함으로써, 피조 세계 전체 안에 있는 연속성과 공동체성에 대한 감각을 촉진한다. 그것이 성 프란치스코의 회심 중심의 생애를 소개하는 이유이기도 하다.

필자는 그리스도교 영성에 대하여 생각할 때마다 동·서방 교회와 개신교가 함께 관계하고 이어져 온 역사적인 그리스도교를 '다양성 안에서 일치를' 찾듯이 영성 신학 역시 함께 얽혀 온 역사에서 찾아야 한다고 생각한다. 뉴욕 유니온 신학교에서 객원으로 있을 때 루마니아 정교회 감독인 존 안토니 맥구킨 교수의 '초대교회사' 클래스에서 동방정교회와 만날 수 있었다. 그렇게 인연이 되어 그의 저서와 교재를 번역, 출판하였다.

이 책의 글들, "초기 그리스도교 7개 공의회 역사와 신학", "비잔틴 전통의 영성" 그리고 "러시아 정교회의 영성"은 일차 발표한 내용인데 그것을 수정하고 보완한 것이다. 부족하나마 이 책을

세상에 펴내므로 한국교회에 다소 생소한 동방정교회를 이해하
는 데 도움이 되고 동·서방 교회와 개신교가 도전해 오는 세계에
함께 만남의 광장을 마련함에 보탬이 되고 실현되기를 바람에서
이다.

그동안 수고하여 주신 도서출판 동연 김영호 사장님과 직원들
에게 깊은 감사의 인사를 드린다.

2021년 1월
이기영

차 례

머리말 / 5

❧ 그리스도 중심적인 성 프란치스코의 영성 ━━━━━━━ 11
   I. 서론적인 이야기, 프란치스코의 생애 요약   11
   II. 프란치스코의 생애 ― 회심 중심   16
   III. 그의 아버지와 재판정에서 대면한 사건   20
   IV. 프란치스코 수도회 설립   25
   V. 클라라 디 파바로네   27
   VI. 클라라와 프란치스코   35
   VII. 초월적인 우정   37
   VIII. 끝맺는 이야기   38

❧ 동방정교회와 7개 공의회의 역사와 신학 ━━━━━━━ 41
   I. 동방정교회의 역사   41
   II. 7개 공의회의 역사와 신학   43
   III. 제이의 로마   46
   IV. 에큐메니칼 7개 공의회(325~787)   50
   V. 에큐메니칼 7개 공의회의 역사적 의미   77

❧ 동방정교회 역사와 영성 ━━━━━━━ 81
   I. 서론   81
   II. 정교회의 역사   82
   III. 비잔틴 전통의 영성   85

ᔓ 러시아정교회 영성의 역사 ― 장공의 역사 참여적 영성 ━━━━━ 111

    I. 서론적인 이야기   111

    II. 러시아정교회 역사: 모스크바 시대 ― 제삼의 로마   112

    III. 수도원 영성의 역사   116

    IV. 아름다움이 세상을 구원하리라   132

    V. 러시아정교회 ― 신학 주제들   137

    VI. 장공의 역사 참여적 영성   142

    VII. 결론적인 이야기   154

ᔓ 러시아정교회 영성과 혜암의 순례자 영성 ━━━━━ 159

    I. 서론적인 이야기   159

    II. 예배의 아름다움   160

    III. 수도승(원)의 영성   174

    IV. 한말 러시아정교 전래   186

    V. 혜암 이장식 교수의 순례자 영성   188

    VI. 결론적인 이야기: 만남의 광장   196

ᔓ 동방정교회 영성의 역사적 고찰

    ― 장공의 '십자군'과 '제3일'의 영성 ━━━━━ 199

    I. 동방정교회의 역사   199

    II. 일곱 에큐메니칼 공의회(325~787)   202

    III. 동방정교회의 영성   211

    IV. 장공의 십자군과 제3일의 영성   222

    〈논찬〉 "동방정교회 영성의 역사적 고찰"을 읽고 _김주한   233

ᔓ 정교회는 어떠한 정치신학을 견지하는가 ━━━━━ 239

그리스도 중심적인
성 프란치스코의 영성

I. 서론적인 이야기, 프란치스코의 생애 요약

아시시의 성 프란치스코(St. Francis of Assisi, 1182~1226)는 그리스도교 역사상 가장 유명한 성자요, 수도승이다. 프란치스코 수도회의 설립자인 그는 2천 년 그리스도교 역사에서 예수를 가장 많이 닮은 성자, 바로 그 사람이었다. "그리스도를 닮고자 하면 프란치스코를 닮아라!" 하는 말이 있듯이 실로 그는 신앙을 위해 완벽한 삶을 살았던 하나님의 종이었다. 복음의 실천을 위해 항상 엄격한 설교자로서 모든 것을 그리스도와 자신의 동료들을 위해 희생하고, 메시지를 부각하기 위해 고민하며, 헌신하였다. 그에게는 오직 그리스도만이 참 기쁨이요, 참 만족이요, 참된 이상이었다.

그는 인간의 탐욕과 사치, 오만, 물욕 그리고 불순종의 탁류가

휩쓸던 13세기를 사랑과 겸손과 믿음의 정수제(淨水制)로 맑게 한 사람이요, 가난하고 병든 자를 섬기고, 삶의 새 방향을 제시해 준 사람이다. 이탈리아 아시시의 부유한 직물 상인 피에트로 베르나르도네와 아내 피카 사이에서 태어났다. 조반니라는 세례명을 받았고, 부친은 아들에게 프란치스코(프랑스사람)라는 별명을 붙여 주었다. 젊은 시절 사치와 향락에 빠져 살다가 한때 기사가 되어 영예를 얻으려고 페루자 전쟁(1202~1203)에 참전했으나 포로로 붙잡혀 1년 동안 투옥 중에 병에 걸렸다. 이를 계기로 사색에 몰두한 그는 예전의 삶이 진부한 것들이었음을 깨달았다. 그 후에 아풀리아(Apulia)의 군사 원정에 참전했으나 환시를 체험하고, 회심한 뒤, 갑자기 아시시로 돌아왔다.

1206년 어느 날 프란치스코는 아시시 교외의 황폐한 성 다미엔(St. Damian) 교회에서 기도하는 중에 제단 위의 십자가상으로부터 하나님의 계시를 들었다. "프란치스코야, 가서 내 집을 수리하라. 네가 보듯이 그것은 무너지고 있다." 그 말을 그대로 받아 교회의 재건을 위해 아버지의 가게에서 옷감을 빼내었다. 그것을 판매한 대금으로 교회 보수를 위해 사제에게 기증하였다. 이로 인해 아버지로부터 쫓겨난 프란치스코는 재판을 받게 되었고, 그는 하늘에 계신 아버지 이외에는 아버지가 없다고 주교 앞에서 선언하였다. 그 후 자신의 상속 재산을 포기하고, 교회 재건의 모금을 위해 두건이 달린 갈색 승복을 입고, 허리띠를 맨 채 거리를 누비며 설교하고, 구걸을 시작하였다.

젊음의 향기와 노래로 향연의 왕으로 찬탄을 받았던 그는 큰 부자가 될 수도 있었고, 영예로운 무사(武士)가 될 수도 있었다. 그러나 그는 모든 것을 버리고 그리스도 예수, 주(主)님의 가슴에 안긴 것이다. 심지어 그에게 닥친 병고(病苦)조차도 하염없는 공허로 허무를 거쳐 오직 그리스도만이 영원한 실재(實在)이며 생명의 주님이심을 깨닫고, 눈물의 참회와 함께 그리스도께 순명(順命)하게 하였다.

그 후 3년 동안 프란치스코는 아시시 주변을 방랑하면서 어려운 사람을 돕고, 교회를 재건하였다. 성 다미엔 교회와 베드로에게 봉헌된 교회를 수리하였고, 아시시 외각에 위치한 수풀 평원 포르치운콜라(Porziuncola)에서 성모 마리아에게 봉헌된 교회를 수리하였고, 그곳에서 오래 지내게 되었다. 1209년 2월 24일 새벽, 프란치스코는 성 마태 축제 때에 기도하다가 영혼 깊은 곳에 섬광처럼 내리시는 주님의 말씀(마태복음 10:7-14)에 순명하고, 생애 진로를 확정하였고, 영열(靈熱)에 가득하여 외쳤다. "가면서 전파하여 말하되 '천국이 가까웠다' 하고, 병든 자를 고치며, 죽은 자를 살리며, 문둥이를 깨끗하게 하고, 귀신을 쫓아내되 너희가 거저 받았으니 거저 주어라. 너희 전대에 금이나 은이나 동이나 가지지 말고 여행을 위하여 주머니나 두 벌 옷이나 신이나 지팡이를 가지지 말라. 이는 일군이 저 먹을 것 받는 것이 마땅함이니라."

프란치스코는 가장 작은 이의 형제가 되었고, 걸인, 나병 환자와 가난한 자와 죄인의 가장 친절한 친구가 되었다. 문전걸식과

두 벌 옷과 금전을 갖지 않고, 전도 여행하는 청빈한 삶이면서도, 혹 가난한 형제의 양식을 빼앗는가 하여 늘 염려하였다.

그의 마음속에서 거짓을 찾을 수 있으랴! 그의 행위에서 꾸밈을 볼 수 있으랴! 그는 참으로 순진하였고 참으로 겸손했다. 그는 종교개혁자나 예언자로서의 의식(意識)을 갖지 않았다. 그의 정적(靜寂) 속에는 영원한 활동을 품고 있었으며 그의 여윈 몸에는 그윽한 후광(後光)이 들리어 있었다. 그의 고요한 기도와 함께 어두운 종교계에 새벽이 왔다. 그의 거룩한 인격 속에는 아무도 손대지 못한 준엄한 힘이 숨어 흘렀다.

1212년 프란치스코는 제자 11명과 함께 로마로 가서 이노센트 3세로부터 종단의 구두 승인을 받았다. 이노센트 3세는 수사들에게 하위성직들을 수용하도록 요구하였기 때문에 그들은 스스로 소탁발 수사들(Friars Minors)이라 불렀다. 예수께서 가르친 대로 두 명이 한 조를 이루어 설교와 병자 및 빈민 보호 사역에 착수하였다. 그들은 포르치운콜라에 본부를 정하고, 매년 오순절에 모임을 가졌다. 자신들의 공동체 내에서 모든 신분상의 구별을 없앴다. 그리고 성령의 시대에 걸맞게 성사보다는 사랑의 법칙에 따라 삼아야 한다고 주장했다. 1212년 아시시의 상속녀 클라라(Claire de Favorino)가 프란치스코에게서 임무를 받고, 클라라회라는 수녀회를 결성함으로써 둘째 수도회가 설립되었다. 1219년 제5차 십자군 전쟁(1218~1221) 중에는 이집트의 술탄(Sultan) 알-카밀(Al-Kamil, 재위 1218~1238)의 공전에 설교했으나 개종시키지는 못했다. 전승에 의하면 알-카밀은 프란치스코에게 호감을 느껴서 예루살렘과 인근 성지를 방문하여 설교할 수 있는 권한을 부여했다.

프란치스코는 불가피한 변화 속에서 1223년 공직을 사임한 뒤에 1224년 9월 14일 몇 명의 친구들과 함께, 라 베르나(La Verna)산에 있는 한 암자에 들어가 40일 동안 금식기도를 하는 중에 성흔(Stigmata), 즉 십자가에 달리신 그리스도의 상처와 같은 상처를 손과 발과 옆구리에 받았다. 이 기간에 그는 〈태양에 바치는 찬가〉(The Canticle to the sun), 〈훈계〉(Admonitions) 그리고 〈유언〉(Testament)을 작성하였다. 사랑의 사도로 유명한 그는 항상 평화의 도구로 쓰임 받고자 소망하였다. 그는 모든 형태의 자연, 예를 들면 새와 동물, 꽃과 바람 그리고 해에 깊은 애정을 가졌는데, 들과 산에서 설교하면 공중의 새들이 몰려와 청종하였다. 그의 죽음(1226년 10월 3일) 2년 뒤에 교황 그레고리우스 9세는 그를 시성(諡聖)하였으며 지금까지 모든 개신교도와 가톨릭교도에게 존경과 사랑을 받으며 많은 감동을 주었다. 1230년에 교황의 칙서로 탁발승 후견인들이 각 지역에서 교단을 대신하여 재산을 소유하고, 돈을 기증받을 수 있게 되었다.

예수의 오상(五傷)을 받는 신비 체험을 하게 된 프란치스코는 그리스도 중심적인 영성 생활을 실천하면서 예수의 인성을 깊이 묵상하고, 그리스도를 더욱 본받고자 노력했으며, 성체 신심을 키웠다. 이를 통하여 프란치스코는 자신의 생애를 관통했던 가난을 깊이 사랑하고, 특히 가난한 삶을 강조했다.

또한 형제애를 깊이 묵상하던 프란치스코는 애덕(愛德)의 범위를 넓혀서 창조된 세상과 생명 있는 모든 피조물까지 깊이 사랑했다. 프란치스코는 겸허한 마음을 지니고 어떤 차별도 없는 형제애를 실천했기 때문에 자연까지 사랑하는 우주적 형제애를 실천할 수 있었다. 그 결과, 1979년에 교황 요한 바오로 2세(재임 1978~2005)는 프란치스코를 생태계의 주보 성인으로 선포하기에 이른다.

그는 그리스도를 본받는 수도승이었다. 최고의 목적, 중요한 희망과 최대의 의지는 거룩한 복음에 주목하는 것이고, 그리스도의 가르침을 받고, 그의 발자취를 따르는 것이었다. 중세시대는 순종과 청빈 그리고 순결(독신)을 3대 모토로 삼았다. 프란치스코에게 '가난'은 '순종'과 동의어였으며 그리스도 앞에서의 자기 부정, 겸손, 섬김의 삶을 의미했다. 프란치스코의 생애를 다시 자세하게 보아 그 의미를 찾으며 오늘의 교회에 교훈이 되도록 고찰해 보고자 한다.[1]

II. 프란치스코의 생애 — 회심 중심

프란치스코는 어린 소년이었을 때 세속인들 가운데 살았다. 그 시대 일반 교양과목을 공부하면서 라틴어를 익혔고, 프랑스어

---

1 전영준 지음, 『그리스도교 영성 역사 - 중세편』 (가톨릭대학교 출판부, 2018), 183-190.

도 조금 배울 수 있었다. 읽고 쓰는 것을 알게 되자 그는 수익이 좋은 상업에 종사하게 되었다. 그러나 하나님의 은총으로, 그는 항상 향락할 수 있었으나 쾌활한 친구들과 함께 있을 때조차도 결코 정욕의 유혹에 따르지 않았다. 그와 함께 살았던 사람들은 약삭빠른 사업가들이었으며 그 자신 또한 매우 돈 벌기를 갈망했으나 부(富)를 축적하는 것에는 마음을 두지 않았다.

청년기에 이미 하나님께서 그의 마음에 불어넣어 주신 가난한 사람들에 대한 동정심을 지니고 있었다. 이러한 마음은 성장한 후에도 함께했으며 그의 마음을 자비심으로 가득 채웠기에 그는 복음에 귀 기울였고, 특별히 하나님의 사랑이라면 자신에게 다가오는 모든 사람에게 희사하기로 마음먹었다. 한번은 장사하느라 너무 바쁜 나머지 자기의 습관과 다르게 하나님의 사랑으로 도움을 청하는 거지에게 아무것도 주지 않고 보내버렸다. 그러나 자신이 한 일을 깨닫고는 즉시 그 거지를 뒤따라가서 후하게 희사하였다. 그때 그 자리에서 하나님의 사랑으로 간청하는 이들에게 내가 줄 것을 가지고 있는 한 결코 그들을 거절하지 않겠다고 맹세했다. 그는 이 결심을 죽는 날까지 지칠 줄 모르는 충성심으로 지켰다. 주의 은총으로 하나님께 향한 사랑이 더욱더 커지는 보답을 받았으며, 후에 그리스도 예수의 인격을 온전히 닮는 데까지 이르는 보답을 받았다. 세속에 있을 때조차도 사람들이 하나님의 사랑에 대해서 깊이 감동하지 않는 것을 견딜 수 없었다고 했다.

그의 선한 생활, 온순함과 인내심, 은혜를 베푸는 일에 초인적인 자발성, 관대함을 베푸는 것과 함께 그의 명랑한 태도는 젊은이로서는 남달랐다. 그것은 하나님의 축복이 미래에는 더욱 풍족히 그에게 내릴 것임을 시사하는 다가올 일의 징조처럼 보였다. 어느 날 하나님의 영감을 받은 아시시의 한 소박한 시민이 프란치스코를 만났다. 그는 자기의 외투를 벗어 프란치스코의 발아래 깔면서, '이 사람이 앞으로 위대한 일을 하고, 교회로부터 존경받을 것이기 때문에, 모든 이의 존경을 받아 마땅하다' 말했다.

그러나 그때까지 프란치스코는 그에 대한 하나님의 계획을 알지 못했다. 그는 아버지의 사업에 몰두하였고, 마음은 인간성의 타락 때문에 세속의 일에 몰두하였다. 역경은 사람의 정신적인 지각을 예리하게 하는 데 가장 좋은 수단이다. 그래서 그는 야훼의 손에 잡혔으며 가장 높으신 분이 관대함을 베푸셨다(겔 1:3). 하나님은 그의 영혼이 성령을 받을 수 있도록 오랜 병고(病苦)로 낮추셨다. 어느 날 아시시 아래 들판을 말을 타고 가다가 프란치스코는 한 나병 환자를 만났다. 갑자기 만난 것이어서 그에게 혐오감을 느꼈다. 그때 그리스도의 기사가 되기를 원한다면 먼저 완전한 자가 되어야 하며, 자기 자신을 극복해야 할 필요가 있다는 결심을 상기했다. 그는 즉시 말에서 내려 그 불쌍한 사람에게 달려가 입을 맞추었다. 그러자 나병 환자는 무언가 얻기를 바라며 손을 내밀었다. 프란치스코는 그의 손에 돈을 주고 키스하였다. 그리고 말에 올라타 가려다가 다시 보니 그가 없었다. 사방으로 이리저리 찾아보았으나 나병 환자의 자취가 없었다. 그는 깜짝 놀랐으나 마음은 기쁨으로 넘쳤고, 미래에 더욱 열심히 일할 것을 결심하며 큰 목소리로 하나님을 찬양하였다.

그는 자신의 죄를 참회할 수 있는 외딴곳을 찾기 시작했고, 그곳에서 말로 다 할 수 없을 만큼 괴로워하며 전 영혼을 토로하여, 결국 깊고도 끈질긴 기도 끝에 하나님께서 들어주시기에 합당하게 되었다. 어느 날 그가 평상시 자주 가는 곳에서 기도하다가 열정에 넘쳐 하나님께 완전히 몰두하였다. 그때 십자가에 달리신 예수 그리스도께서 나타나셨다. 그의 영혼은 그분을 보자 녹아버렸고, 그리스도의 사랑은 마음속 깊이 생생하게 새겨졌다. 생의 마지막 무렵에 그가 고백하였듯이, 그것을 생각할 때마다 그는 한숨과 눈물을 막을 수 없었다. 즉시 다음 성경 말씀이 자신에게 전해졌음을 알았다. "나를 따르려는 사람은 누구든지 자기를 버리고 제 십자가를 지고 따라야 한다"(마 16:24).

이제 프란치스코는 겸손의 깊은 의미를 간직하고서 가난의 정신과 심오한 동정심을 가지는 태도를 키웠다. 이전에는 나병 환자를 보는 것을, 심지어 먼발치에서 보는 것조차 참을 수 없어 피했었다. 그러나 지금은 완전한 자기 비하(卑下)에 다다르기 위해 그들에게 모든 겸손과 친절로써 전심으로 봉사했다. 이는 예언자 이사야가, 십자가에 달리신 그리스도는 나병 환자처럼 여겨지고 경멸당했다고 우리에게 말해주고 있기 때문이다. 프란치스코는 자주 그들의 집을 방문했고, 그들 손과 입술에 깊은 동정심으로 입 맞추며, 그들에게 관대하게 자선을 베풀었다.

그는 외적인 고행에 큰 관심을 쏟았고, 전 생애는 마음속에 새겨진 그리스도의 십자가에 의해 다스려지게 되었다. 이 모든 일은 프란치스코가 여전히 세상의 속인으로 살고 있을 때 일어났다.

III. 그의 아버지와 재판정에서 대면한 사건

어느 날 프란치스코는 묵상하기 위해 시내를 벗어나 야외로 나갔는데, 오래되어 다 허물어져 가는 성 다미엔 교회 곁을 지나는 길에 문득 들어가서 기도하고 싶어졌다. 그 교회에서 십자가에 못 박히신 예수상 앞에 무릎을 꿇고 기도하다가 영혼의 큰 안식을 얻었고, 십자가를 응시했을 때 그의 눈은 눈물로 가득 찼다. 그때 갑자기 십자가로부터 세 번이나 그를 부르는 목소리를 들었다. "프란치스코야, 가서 나의 집을 고쳐라. 이렇게 쓰러져 가는 것이 네 눈에는 보이지 않느냐." 프란치스코는 교회에 혼자 있었으므로 그 목소리에 놀랐다. 그러나 메시지의 힘은 그의 마음을 꿰뚫었으며 그는 탈혼(脫魂)하였다. 마침내 자신에게로 되돌아와서 받은 명령을 준수할 준비를 했다. 그 메시지는 후에 성령이 그에게 이를 깨닫게 했고, 그가 수사들에게 설명하였듯이, 사실은 그리스도께서 "자신의 피로 값을 치르고 얻으신"(행 20:28) 전 세계의 교회를 말한 것이지만, 당시 그는 쓰러져 가는 성 다미엔 교회를 수리하는 데 기꺼이 자신을 바치고자 하였다.

그는 즉시 계획에 착수했다. 장사할 천을 몇 꾸러미 들고, 곧장 시장에 가서 타고 온 말과 함께 그것들을 팔았다. 그리고 아시시로 돌아와 수리하라는 말을 들은 그 교회에 들어갔다. 책임자인 가난한 신부를 만나 공손히 인사를 하고, 교회 수리와 가난한 사람들을 위해 써달라고 돈을 내놓고, 얼마간 함께 살게 해달라고 간청했다. 신부는 머무르는 데는 동의했으나 그의 양친을 두려워하여 돈을 받는 것을 거절했다. 어떤 형태의 돈이든지 돈을 싫어하는 프란치스코는 돈을 창문턱에 던져두고, 마치 먼지인 양, 그 돈에 더 이상 신경을 쓰지 않았다.

프란치스코의 아버지는 아들이 신부와 함께 살고 있다는 소식을 듣고, 매우 당황하여 서둘러 교회로 달려갔다. 자기를 찾고 있는 무리가 가까이 다가오자 프란치스코는 비밀 동굴로 숨었다. 그는 그리스도께 봉사하는 일에 익숙지 못해 아버지의 화를 피하고 싶었다. 그는 하나님께 박해자의 손으로부터 구해줄 것과 선하심으로 그분 스스로 자기에게 고취된 열망을 이루어낼 수 있게 해달라고 끊임없이 눈물로써 애원하며 많은 날을 숨어지냈다. 마침내 넘치는 기쁨으로 가득 찬 그는 스스로를 결단력이 부족한 겁쟁이라고 꾸짖게 되었다. 이에 그는 두려움을 버리게 되었고, 숨었던 장소에서 나와 아시시를 향해 갔다. 마을 사람들은 그의 야위고 변한 모습을 보고 미쳤다고 생각했다. 그래서 그들은 그의 뒤에서 욕하고 돌과 진흙을 던졌다. 그러나 프란치스코는 그런 모든 것에 귀머거리가 되었고, 어떠한 모욕도 그를 좌절시키거나 뒷걸음치게 하지 못했다. 그의 아버지가 그 소동을 들었다. 그러나 아들을 감싸주기보다는 오히려 꺾으려고 작정하고 그의 뒤를 쫓아왔다. 아들에 대한 동정심은 전혀 없었고, 집으로 끌고 와서 처음에는 말로 다음에는 매로 설득하다가 마침내는 그를 쇠사슬로 묶어 가두어버렸다. 그러나 이것은 프란치스코가 자신의 계획을 수행하려는 일에 대해서 이전보다 더 열심을 내도록 만드는 동력이 되었다. 왜냐하면 프란치스코가 "옳은 일을 하다가 박해를 받는 사람은 행복하다. 하늘나라가 그들의 것이다"(마 5:10)라는 말씀을 깨달았기 때문이다.

얼마 후에 그의 아버지는 멀리 갈 일이 생겼다. 남편의 행동에 결코 찬성할 수 없었던 어머니가 아들을 풀어주고, 자유롭게 했다. 그녀는 그의 굳은 결심을 깨뜨릴 수 없음을 알았다. 프란치스코는 하나님께 감사드리고, 전에 있던 곳으로 돌아갔다. 그의 아버지는 돌아와서 그가 없어진 것을 알고, 아내에게 욕설을 퍼붓고 폭풍 같은 노여움에 차서 프란치스코를 찾아 나섰다. 아버지는 그를 집으로 못 데려올 경우, 적어도 마을 밖으로 쫓아내겠다고 마음먹었다. 그러나 하나님은 프란치스코에게 용기를 주어 자진해서 아버지를 만나러 갔다. 아버지에게 자신은 학대나 감금을 두려워하지 않을 것이며 그리스도를 위해서라면 그 어떠한 고통이라도 참고 즐겁게 받을 것이라고 단호하게 말했다. 아버지는 그를 집으로 데려갈 가망이 없음을 깨닫고, 잃어버린 자신의 돈을 되찾고자 했다. 마침 돈이 창문턱에 얹혀있는 것을 보고, 욕심 많은 그는 그것에 만족하고 다소 안정을 찾았다.

　그는 돈을 되찾게 되자 프란치스코를 주교에게 데려가서 거기에서 그의 모든 주장을 포기하게 하고, 그가 가진 모든 것을 되돌리게 하려고 일을 주선해 놓았다. 가난에 대한 참된 사랑으로 프란치스코는 기꺼이 동의했으며 스스로 주교 앞에 출두했다. 거기서 그는 지체하지 않고 ―조금도 주저하지 않고, 한마디 말도 듣거나 하지 않고― 즉시 옷을 벗어 아버지에게 되돌려주었다. 그가 입고 있었던 좋은 옷 속에 고행할 때 입는 거친 털옷을 맨살 위에 입고 있음이 드러났다. 그는 열정과 열심에 차서 바지조차 벗어주고 벌거벗은 채 서 있었다. 그때 아버지에게 "이제까지 나는 당신을 나의 아버지로 불렀습니다. 그러나 지금부터 나는 거리낌 없이 '하늘에 계신 우리 아버지'를 부를 수 있습니다. 그분은 나의 모든 부(富)이며, 나의 모든 신뢰를 그분께 둡니다"라고 말했다. 주교는 이것을 듣고, 그의 열성에 놀랐다. 주교는 선한 사람이었으므로 벌떡 일어나 입고 있던 망토로 그를 감싸며 포옹했다. 그리고 그에게 입힐 옷을 가져오라고 말하였다. 그래서 그들은 주교의 농장에서 일하는 노동자의 낡은 윗옷 하나를 그에게 주었다. 그는 감사하게 받고서 거기에 분필을 가지고 자기 손으로 십자가를 그려 십자가에 못 박히고 거지에게나 걸맞은 의복을 만들었다. 그렇게 가장 높은 왕의 종은 십자가에 벌거벗은 채 매달린 사랑하는 주님을 따르고자 자신에 속한 모든 것을 벗어 던졌다. 그는 난파한 세상에서 벗어날 수 있는 구원의 수단인 십자가로 무장했다.

그리스도의 겸손 안에 확고히 서서, 프란치스코는 성 다미엔 교회를 수리하라고 십자가로부터 들은 명령을 기억하고 있었다. 그는 순명의 참된 아들이어서 거룩한 명령에 복종하려고 필요한 것들을 구걸하면서 그를 부유한 젊은이로 알고 지냈던 사람들에게 희사를 청하였다. 그리고 단식으로 약하고 기진해 있었음에도, 직접 돌을 져서 날랐다. 하나님의 도움과 마을 사람들의 협동으로 마침내 성 다미엔에서 일을 끝마쳤다.

그다음에 그는 성 베드로에게 봉헌된 다른 교회를 수리하기 시작했다. 이 교회는 마을에서 더 멀리 떨어져 있었다. 순결하고 순백한 신앙에서 그는 항상 사도들에게 큰 경건심을 가지고 있었다.

거기 일을 끝내고, 아무도 돌보는 이 없이 버려진 성모 마리아께 봉헌한, 오래된 교회가 있는 '포르치운콜라'라는 곳으로 갔다. 프란치스코는 성모 마리아에게 깊은 공경심을 지녔기 때문에 그 교회를 보고자 종종 방문하였다. 그러다가 이 교회가 천사들의 성(聖) 마리아교회로 불린다는 이야기를 들었다. 그는 천사들에 대한 존경심에서 또 그리스도의 어머니에 대한 사랑 때문에 영원히 그곳에 머물려고 결심했다. 그는 세상의 다른 어떠한 곳보다 이곳을 좋아했다. 그가 매우 작은 방법으로 종교적 생활을 시작한 곳도 바로 여기였고, 그토록 뛰어난 발전을 이룬 것도 여기였으며, 그가 행복하게 생을 마친 곳도 여기였다. 그는 죽을 때에 형제 수사들에게 이곳을 다른 어떠한 곳보다 먼저 부탁하였다. 왜냐하면 그곳은 성모 마리아께서 가장 사랑하시는 곳이기 때문이었다.

이곳은 성 프란치스코가 신적인 영감에 의해 작은형제회를 세운 곳이며, 그가 수도원을 세우고, 복음을 설교하기 전에 세 교회를 수리하게 그를 인도한 것은, 바로 하나님의 섭리였다. 그가 수리한 세 건물과 같이 그리스도의 교회는 프란치스코의 지도로, 또 그의 회칙과 가르침에 따라 세 가지 다른 방법으로 새로워지게 될 것이며 그리고 구원을 받게 될 사람들로 이뤄진 이 세 겹의 군대는 승리하게 되어 있었다. 우리는 현재 이 예언이 실현되었음을 알 수 있다.

IV. 프란치스코 수도회 설립

프란치스코는 성모의 교회 옆에 살면서 은혜와 진리가 충만한 말씀을 잉태하신 그녀에게 끊임없이 눈물로써 간청하며 기도하였다. 그는 성모의 중재로 복음의 진실한 정신을 허락받아 결실한다. 마태의 축일인 어느 날 그는 미사에 참례하고 있었는데, 그때 주님께서 제자들을 전도에 보내시며 복음에 따라 생활하는 방법을 말씀하였다. "너희 전대에 금이나 은이나 동을 가지게 말고 여행을 위하여 배낭이나 두 벌 옷이나 신이나 지팡이를 가지지 말라. 이는 일꾼이 자기의 먹을 것을 받는 것이 마땅함이라"(마 10:9-10). 이 말씀을 들었을 때, 프란치스코는 너무도 기뻤다. 사도의 가난에 대한 사랑으로 이 말씀의 의미를 즉시 파악하고, 마음에 새겼다. 바로 그때 그 자리에서 그는 신을 벗고 지팡이를 버렸다. 그는 어떤 종류의 돈이나 부(富)를 멀리하고, 단지 겉옷 하나만 입고, 가죽 혁대 대신 띠로 바꾸어 맸다. 이 신적인 영감에 의해 이제 복음적인 완덕을 좇기 시작했으며, 또한 다른 이들로 회개의 생활을 하도록 초대하였다.

그의 설교의 힘과 삶의 신실함이 알려지자 사람들은 감동되어 회개의 생활로 옮겨 갔다. 그들은 가진 모든 소유를 포기하고, 그와 생활을 하고, 그와 같은 옷을 입고자 했다. 그 첫째 사람이 베르나르도이다. 그는 하나님께 부름받은 유덕한 사람으로 시간적으로도, 거룩함에 있어서도 프란치스코의 첫 제자가 되었다. 프란치스코는 베르나르도에게 하나님의 세 번의 증거를 보여줌으로써 복된 성삼위를 기려 복음서를 세 차례 펼쳤다. 처음에는 "네가 완전한 사람이 되려거든 가서 너의 재산을 다 팔아 가난한 사람들에게 나누어 주라"(마 19:21) 하는 말씀이 나왔다. 둘째는 "여행을 위하여 아무것도 가지지 말라. 지팡이나 배낭이나 양식이나 돈이나 두 벌 옷을 가지지 말며"(눅 9:3)라는 구절을 보았고, 셋째로 "누구든지 나를 따라오려거든 자기를 부인하고 자기 십자가를 지고 나를 따를 것이다"(마 16:24)라는 하나님의 말씀이 그들의 시선을 잡았다. 성 프란치스코는 이것이야말로 우리의 생활이며 회칙이라고 하였다. 그 후에도 다른 사람이 들어와 프란치스코의 제자는 일곱 명이 되었고, 네 명의 사람들이 그들과 합류, 이제 그들은 열한 명이 되었다.

V. 클라라 디 파바로네

1. 클라라의 회심 이야기

클라라 디 파바로네의 타고난 신분을 생각한다면 그녀는 평화롭고 조용한 삶을 살아야 했다. 그러나 프란치스코의 가장 유명한 제자로 이름을 날리게 된 이 여인은 폭력과 공포를 겪으며 자랐다. 어린 시절엔 부모와 여동생들을 비롯한 일가친척과 대가족을 이루어 산 루피노 광장에 있는 '궁전'에서 살았다. 그런데 그녀가 네 살 때 분노한 아시시인들이 콘라드 공작의 성을 파괴하고, 아시시의 부유한 세력가들의 집을 차례로 공격하기 시작했다. 그녀의 가족은 사태가 진정될 때까지 적국 페루자로 피신했다.

클라라의 아버지 파바로네 디 오프레두초는 기사였고, 귀족 출신의 어머니 오르토라나는 신앙심이 깊었다. 그녀는 순례 여행자로 로마와 예루살렘을 방문했다. 남편과 함께 정착하여 클라라(1193년 혹은 1194년)에 이어 카타리나(1197년), 끝으로 베아트리체(1205년)를 낳았다. 클라라는 일찍부터 어머니의 신앙심을 받아들였다. 클라라의 정신적 영웅은 로마 순교자 성 아그네스였다. 성 아그네스는 어떤 대가를 치른다 해도 처녀성을 포기하지 않았는데, 그리스도에 대한 신앙심 때문이었음이 판명되었다. 아그네스의 부모는 그녀가 구혼자들을 거절하자 너무 화가 나서 딸을 매음굴로 보냈다. 하지만 하나님은 아그네스의 머리카락이 기적적으

로 자라나 몸을 가리게 하여 그녀의 순결을 보호해 주었다. 화형대
에 던져졌을 때는 불꽃에서 그녀를 보호했다. 그래서 결국은 참수
형을 당했다는 전설이 전해진다.

클라라는 정해진 기도 분량보다 훨씬 더 많이 암송했고, 수수
한 옷을 입으며, 음식을 남겨서 친구 보나에게 보내 가난한 이들에
게 나누어주도록 했다. 때로는 어릴 적 친구이자 프란치스코가
창시한 수도회의 일원인 안젤로와 루피노가 있는 포르치운콜라
로 음식을 가져가라고 보나에게 부탁했다.

대부분의 아시시인은 프란치스코를 광신자라고 생각했는데,
바로 이런 이유로 열여섯 살의 클라라가 호기심을 보인듯하다.
어느 일요일, 그녀는 프란치스코의 설교를 들으러 갔다. 그리고
프란치스코의 헌신과 열정에 푹 빠져버렸다. 그녀는 많은 것을
알고 싶었지만, 부모님이 사회에서 배척하는 이들과 이야기하는
것을 허락하지 않으리라는 걸 알았다. 그녀는 고민 끝에 어느 날
밤 여섯 살짜리 여동생 베아트리체를 데리고 보나와 함께 당시
스물아홉 살이 된 프란치스코와 그의 친구를 만나러 갔다. 그리고
가족이 허락하지 않을 어떤 소명을 느꼈다.

이 무렵, 클라라는 유산을 받았다. 아버지가 세상을 뜨면서 결
혼지참금으로 남긴 돈이었다. 결혼에 대한 압력은 점점 커졌고,
사실 그녀는 최고의 신붓감이었다. 가정교육을 잘 받은 데다 집안
도 좋았다. 그런데 클라라는 가족들이 소개하는 구혼자들에게 핑
계를 대며 시간을 끌었다. 마침내 열여덟 살이 되자 그녀는 가난한

사람들에게 돈을 나눠줄 작정이라고 발표했다. 집안의 가장인 삼촌이나 가까이 있는 이들은 어이없어하며 마음을 바꾸라고 하지만, 클라라는 꿈쩍도 하지 않았다,

1212년 종려주일 밤, 클라라는 어머니와 삼촌들, 사촌들이 잠자는 동안에 조용히 궁전 계단을 내려온 다음, 병사가 지키는 정문에서 발을 돌려 후문을 통해 살짝 빠져나왔다.

프란치스코와 몇몇 동료들이 횃불을 들고 클라라를 기다렸다. 그들은 교회 안으로 그녀를 인도했고, 그녀는 고해(告解)를 했으며, 이제 프란치스코의 추종자가 된 실베스터 신부에게 사면을 받았다. 그녀는 아침 예배에 입고 있던 아름다운 드레스를 벗고, 간소한 옷으로 갈아입은 다음 서원(誓願)했다. "나는 그에게 복종을 서약했다"고 훗날 자신의 '유언'에 기록했다. 서원을 증명하기 위해서 프란치스코는 금발에 가까운 엷은 머리카락을 체발했다.

프란치스코와 클라라 그리고 참석한 사람들 모두가 기뻐했지만, 느긋하게 마음 놓고 있을 수는 없었다. 그들은 여전히 위험했으므로 클라라는 황제가 직접 보호하는 성 바울 근처의 베네딕투스 수도회로 보내졌다. 프란치스코는 그곳이라면 그녀가 가족이 법적·물리적으로 휘두르는 폭력으로부터 안전하리라 생각했다. 하지만 교회 조직의 보호 이상이 필요하다는 사실이 드러났다.

집안의 가장인 삼촌 모날드는 가문의 일곱 사람을 골라 말을 타고 성 바울 수도원에 가서 클라라더러 집으로 돌아오라고 집요하게 요구했지만, 그녀는 단호하게 거부했다. 모날드가 협박과

뇌물을 번갈아 사용하면서 구석으로 데려가 그녀를 때리며 끌고 가려고 했다. 하지만 클라라는 죽을힘을 다해 제단을 꽉 붙잡았다. 그 바람에 클라라의 머리쓰개가 바닥에 떨어졌다. 그 순간 그들은 모두 숨이 막힐 지경이었다. 그녀가 체발한 것을 보았고, 이미 수도원에서 은둔하는 삶으로 들어가는 결정적인 단계를 밟았음을 알았다. 그들은 그녀를 포기하고 되돌아갔다.

얼마 후 클라라의 열여섯 살짜리 동생인 카타리나가 집에서 도망쳐 나와 클라라와 합류했다. 모날드는 그녀를 데려오려고 남자들을 11명이나 보냈다. 모날드는 또다시 애원하고 협박했다. 흥분한 그들은 카타리나의 머리카락을 붙잡고 데려가려고 했다. 카타리나는 고갯길을 지나 진창길을 질질 끌려갔다. 수풀에 옷이 찢어지고 몸싸움을 하느라 머리카락이 뭉치로 빠졌다. 바로 이 순간, 모든 장면을 지켜보면서도 도움을 줄 수 없었던 클라라는 무릎을 꿇고 기도했고, 이상하게 무장한 기사는 그녀를 놔두고 떠나버렸다. 싸움에 지쳤는지, 거의 인사불성이 될 때까지 카타리나를 학대한 것이 부끄러웠는지, 아니면 단지 신의 명령에 이끌린 것인지는 알 수 없었다. 수도회 초기에 프란치스코회의 일원이 되는 것은 정말 쉽지 않았다. 어쨌든 그 가문은 클라라와 카타리나를 그냥 내버려 두었다. 클라라 어머니의 40년 친구였던 파치피카가 이 소녀들과 합류했으며 후에 클라라의 동생인 베아트리체까지 함께했다. 프란치스코는 이 여인들이 성 다미엔에서 영원히 머물 수 있도록 조직했으며 클라라에게 보낸 짧은 편지에서 그들에게 공식적으로 신의 은총과 지지를 보냈다. "거룩한 열망으로 여러분은 스스로 가장 높은 왕이자 하늘 아버지의 딸과 종이 되었고, 성령을 신랑으로 삼았으며, 거룩한 복음의 완전함에 따라 살려고 결심했기에 나와 동료들은 형제들에게 했던 것과 똑같이 여러분을 항상 애정 깊이 돌보며, 특별히 배려하기로 결심하고, 서약합니다."

2. 가난한 여인들

이렇게 해서 새로운 수도회가 탄생했다. 그들은 자기들을 '가난한 여인들'이라 불렀다. 지금은 '가난한 클라라 수녀회'로 알려져 있다. 클라라는 몇 년 안 되어 성 다미엔에 수녀를 50명이나 두었다. 대개는 그 지역에서 유력한 가문의 출신이었다. 프란치스코회 수사들은 이들을 위해 음식을 구걸하고, 장작을 공급했으며, 수가 불어나자 방도 만들어주었다. 여인들은 간소한 옷을 입고, 손으로 일하며, 프란치스코회 수사들처럼 기도하고 금식했다. 지역교회들이 사용하는 제단보를 직접 손으로 만들기도 했다. 클라라는 프란치스코처럼 너무 심하게 단식하다 종종 병에 걸리곤 했다. 프란치스코는 그녀가 금식으로 앓아누웠다는 소식을 들은 뒤로 그녀에게 최소한의 음식을 먹어야 24시간 동안 금식할 수 있다고 명령했다.

수사들과 마찬가지로 수녀들 역시 하루에도 여러 차례 예배당에 모여 기도했으며, 사제들에게 정기적으로 고해했고, 이 사제들은 수녀들을 위해 미사를 드렸다. 클라라는 다른 사람들이 잠에서 깨기 전부터 기도했고, 잠든 이후까지 훨씬 더 많은 시간을 기도했다. 십자가에 못 박힌 예수에 대해 묵상하다가 울부짖곤 했다. 그녀는 극히 사소한 말 한마디로도 신비스러운 무아지경에 빠질 수 있었다. 어느 일요일에는 시편 교창성가에 깊은 감동을 받은 나머지 온종일 다른 수녀들에게 성수를 뿌려주면서 예수가 창에 찔렸을 때 그의 옆구리에서 흘러나온 물에 대해 상기시켰다.

클라라는 수녀들을 '수녀'보다는 '가난한 여인'이라고 부르기를 고집했는데, 이들이 수도회의 일과 예배를 동등하게 분담한다고 생각하기 때문이었다. 교회 당국이 그 지역의 대(大)수녀원장 직을 제안했을 당시, 그녀는 불과 스물한 살이었다. 클라라는 마지못해 동의했으나 40년간 봉직하면서 그 직함을 단 한 번도 사용하지 않았다.

클라라는 스승 못지않게 과감한 금욕을 실천했다. 육체를 훈련하기 위해 판자 위에서 잤고, 금식하지 않을 때는 조리한 음식을 먹지 않았다. 하지만 나이가 들면서 조금씩 여유가 생겼는지, 1229년에 여동생 아그네스에게 편지를 쓰면서 그러한 금욕주의를 조절해야 할 필요성을 깨달았다고 했다. "우리 육체는 청동으로 만들어지지도 않았고, 돌처럼 강하지도 않다. 그러니 주께 합당한 예배를 드리려면 너무 심하게 금식하지 말 것을 네게 권한다." 클라라는 또한 너무 아파서 자리를 보전하고 누운 수녀들을 위해 침대 커버를 빨아주었다. 그들의 오물을 피하려 하거나 악취에 주춤하지도 않았다는 이야기가 전해진다. 그녀는 존중의 표시로 수녀들의 발을 씻어주고 입까지 맞추었다.

클라라의 고결한 명성이 퍼지면서 환자를 치료하고 여러 가지 기적을 행하는 그녀의 능력에 대한 믿음도 함께 퍼져나갔다. 프란치스코는 스테판이라는 수사가 광기를 앓는다고 생각하여 클라라에게 보냈다. 클라라는 자신에게 오는 모든 사람에게 했던 대로 스테판에게 십자가 표시를 긋고서 그녀가 평소에 기도하는 곳에 가서 자라고 말했다. 다음 날 아침, 그는 눈을 뜨자마자 제정신을 찾았고, 즉시 프란치스코에게 돌아갔다.

그녀의 선행과 효험 있는 기도 사역에도 불구하고, 클라라의 수도회는 공식적인 인정을 받을 수 없었다. 교황청의 행정부는 수도회가 사유재산을 소유해서는 안 되며, 단지 대여를 통해서 혹은 재산을 소유한 사람들의 호의에 의존해 살아야 한다는 그녀의 신조를 받아들일 수 없었다. 클라라에게는 이것이야말로 그녀와 프란치스코가 한 일 중에서 가장 마음을 울리는 소망이었다. 소유를 포기하는 일은 개인뿐만 아니라 전체 수도회에도 요구되는 일이었다.

프란치스코처럼 클라라도 예수를 닮으려고 최선을 다했다. 인생 후반에 쓴 '유언'을 보면, 여동생들에게 항상 가난을 지킬 것을 '구유에 초라하게 누이고, 세상에서 가난하게 살았으며, 벌거벗은 채 십자가에 계셨던 하나님의 사랑으로' 권고했다. 그렇지만 물질적 가난은 영혼의 가난에 이르기 위한 방도일 뿐이고, 내면에 예수를 위한 자리를 만들기 위해서는 영혼의 가난이 필요했다.

이 점에서 클라라는 동정녀 마리아를 최고의 본보기로 삼았다. 그녀는 아그네스에게 "영광스러운 동정녀 중의 동정녀가 예수를 잉태했으므로, 너도 마리아의 가난과 겸손의 발자취를 좇음으로써, 틀림없이 정숙하고 순결한 육체 안에 예수를 영적으로 잉태할 수 있을 것이다. 모든 것이 예수에 의해 결합하니 예수를 꼭 붙들어라"라고 권했다.

이 경우, 극심한 가난과 소유권 포기는 비현실적이고, 결국 질서를 파괴할 거라고 주장한 교황의 관리들이 클라라보다 인간의 본질을 더 잘 이해한 듯 보인다. 1218년 교황의 공식 사절인 우골리노 추기경이 가난한 여인들을 위한 규율을 승인했을 당시, 소유권 포기에 관한 규정을 없앴다. 클라라는 항의했지만, 추기경은 생각을 바꾸려 들지 않았다. 클라라가 살아 있는 동안에 가난을 둘러싼 치열한 다툼이 계속되다가 1253년 8월 그녀가 임종할 때, 사자가 와서 교황이 그녀의 규율을 승인했다는 말을 전했다. 그것은 그녀가 그토록 오랜 세월 싸워왔던 그 규정을 포함한 것으로, 한 여인이 작성한 최초의 승인 규율이 되었다.

VI. 클라라와 프란치스코

클라라의 업적은 무수히 많다. 프란치스코와 그녀의 관계는 남자와 여자 사이에서 영적으로 가장 친밀한 관계였다. 프란치스코가 죽고, 1백여 년이 지난 후에 편집된 그에 관한 이야기 모음집인 『성 프란치스코의 작은 꽃들』(The Little Flowers of St. Francis)은 그들의 관계에 대해 전설 같은 분위기를 풍기고 있으며 신비한 일들을 너무 강조한 듯하다. 그러나 프란치스코에 대하여 뜻밖의 해명을 던져 주기도 한다. 프란치스코와 클라라가 즐겼던 놀랄만한 식사 이야기도 있다.

프란치스코는 종종 성 다미엔에 있는 클라라를 방문하여 영적인 조언을 했다. 그러나 클라라는 수년 동안 영적 아버지의 집이자 그녀에게는 성스러운 장소인 포르치운콜라를 방문하고 싶었다. 그 청을 프란치스코가 계속 거절하자 그녀는 중개자들에게 중재해 달라고 요청했다. 프란치스코가 거절한 까닭은 수사들에게 여성이 접근하는 걸 막기 위해서인 듯하다.

중개자들은 말문을 열었다. "아버지, 우리는 이런 엄격함이 하나님의 사랑을 유지한다고 생각하지 않습니다." 그들은 클라라가 얼마나 '경건하고 사랑스러운가'를 고려한다면 식사 한 끼 하고 싶다는 클라라의 요청은 사소한 것이라고 상기시켰다. 프란치스코의 설교를 통해서 그녀가 세상과 재산을 포기했다는 것을 잊지 말라고 덧붙이기도 했다.

이리저리 중개자들이 오간 덕에 마침내 프란치스코의 마음이 누그러졌다. "그것이 네게 유익하다면 내게도 유익할 것 같다." 그는 수년간 성 다미엔에서 은둔생활을 해온 클라라가 '머리카락을 자르고, 그리스도의 신부가 되었던 곳을 다시 볼 수 있다'는 결론을 내렸다.

그날이 이르자 클라라는 여동생과 몇몇 프란치스코 수사들의 호위를 받으며 도착했다. 그녀는 수도복을 받았던 장소인 동정녀 동상에 공손하게 인사하고 나서 이리저리 둘러보았다.

한편 프란치스코는 음식을 준비하여 평소처럼 맨바닥에 차려 놓았다. 클라라와 수녀들, 프란치스코와 수사들이 자리에 앉았다. 프란치스코는 영적인 문제들로 이야기를 시작하여 계속 이어가는 동안, '모든 사람이 그들에게 내리신 신의 은총에 충만해서 하나님 안에서 넋을 잃게 만드는' 웅변술을 발휘했다.

그들이 신비한 환희 속에 앉아있는 동안, 아시시 시민들은 안젤스의 성모 마리아 근처에 굉장한 불이 붙는 것처럼 보였기 때문에 불 끄는 것을 도와주려고 달려왔다. 하지만 그들은 프란치스코와 클라라 그리고 동료들이 무아의 경지 속에 앉아있는 것을 보았다. 그들은 그 불이 물리적인 불이 아니라 천상의 불이었으며, 하나님께서 그 경건한 수사들과 수녀들의 영혼에 타오르는 신의 사랑을 그들에게 보여주기 위해 신비하게 나타내신 것으로 추정했다.

프란치스코와 클라라 그리고 동료들은 '얼마 후에 자신들에게 돌아왔다.' 그들은 영적인 양식만으로도 기분이 상쾌해졌으므로 그들 앞에 차려 놓은 음식을 먹을 필요가 없었다고 이야기는 끝을 맺는다.

VII. 초월적인 우정

가난과 그리스도에 대한 클라라의 타협하지 않는 헌신에 프란치스코는 완전히 감동하였고, 그녀는 곧 프란치스코가 가장 신임하는 막역한 친구가 되었다. 프란치스코는 클라라의 신앙 선배였지만, 그녀가 공동체에 관한 결정을 할 때, 그는 종종 클라라의 판단을 존중했다.

훗날 병에 걸렸을 때는 클라라의 간호와 충고를 받으며 그녀를 더욱더 의지했다. 한때 프란치스코는 순회설교자로의 삶을 포기하고, 대신 그의 일생을 오로지 기도하는 데 헌신하는 은자가 되어야 할 것인가 숙고했다. 그는 이 결단을 앞에 두고 씨름하면서 단지 두 사람, 그의 전 고해신부였던 실베스터와 클라라에게 기도를 부탁했다. 두 사람은 순회설교자로 남으라고 조언했다. 프란치스코의 인생 말미의 몇 주 동안에 성 다미엔에서 그를 간호한 사람이 바로 클라라였다.

현대 전기 작가 중에는 클라라와 프란치스코가 일종의 로맨틱한 감정을 나누지 않았다고 믿는 건 불가능하다고 말하는 사람들도 있다. 하지만 이는 우리 시대보다 더 큰 상상력을 소유했던 중세세계를 현대적 감각으로 되돌려 읽은 탓이다. 그들의 관계에 잠재적인 성적 유혹이 있었다 할지라도, 그 에너지가 초월적인 것으로 돌려졌음이 명백하다. 자신들의 세계에서 그리스도의 겸손과 가난을 실현하기 위해 공동으로 헌신하는 일로 말이다.

VIII. 끝맺는 이야기

중세 초·중반 서유럽의 경제활동은 주로 농업에 의존했고, 봉건 영주들과 수도원이 농산물의 유통과 소비를 독점하면서 농민들과 시민들은 가난에 시달렸다. 중세 중·후반 상업이 번창하면서 새로 출현한 상인들은 재화를 소유하는 새로운 주체로 나서게 되었지만, 서민들은 가난에서 벗어나지 못했다. 게다가 여전히 풍요로운 수도원을 비판하며 교회를 떠난 사람들은 교회를 풍자하며 희화화했다. 이때 아시시의 프란치스코(1182~1226)의 출현은 교회가 가난에 관한 입장을 재정립하는 계기를 마련했다.

성 프란치스코가 죽은 후 8백여 년, 우리가 사는 세상에는 성빈(聖貧)을 찾아보기 어려운, 맘몬의 발아래 모든 게 엎드려 있다. 사람과 사람 사이에는 기계의 접촉같이 차갑게 되었고, 이권 다툼과 유혈이 승산의 결과인 양 진리로 떠받들고 있다. 13세기 교회당 안에는 도박과 고리대금이 공공연하였으며, 성직매매가 성행했고, 사람 차별로 어두운 세상의 모습이었다. 프란치스코는 그의 거룩한 눈으로 어찌 그런 현상을 보았을까? 그러나 그는 겸손하게 말없이 앉아서 가장 아름다운 그리스도의 나라를 나타냈다. 오늘 우리 작은 프란치스코들은 그리스도의 피로 값을 치르고 세운 온 세계교회, 그 허물어진 것을 재건하라는 명령 앞에 순명해야 한다.

참고문헌

갈리, 마크 지음/이은재 옮김.『성 프란체스코 맨발에 누더기를 걸친 아시시의
　　　성자』. 예경, 2006.

까렛도, 까를로 지음/장익 옮김.『프란치스꼬 저는』. 분도출판사, 2014.

보나벤뚜라.『보나벤뚜라에 의한 아시시의 성 프란치스꼬 대전기』. 분도출판
　　　사, 2019.

쇼트, 윌리엄/ 김일득 옮김.『가난과 기쁨: 프란치스칸 전통』. 프란치스코출판
　　　사., 2019.

엄두섭 지음.『아시시의 성 프란치스꼬 대전기』. 은성, 1992.

작은형제회 한국관구 옮겨 엮음.『성 프란치스꼬와 성녀 클라라의 글』. 분도출
　　　판사, 2018.

전영준 지음.『그리스도교 영성 역사 -중세 편』.가톨릭대학교출판부, 2018.

첼라노, 토마스/프란치스꼬회 한국관구 편.『아시시 성 프란치스꼬의 생애』.
　　　분도출판사, 2019.

동방정교회와 7개 공의회의 역사와 신학*

I. 동방정교회의 역사

역사는 시대에 따라 항상 새롭게 기술된다. 1991년 구소련이 붕괴되고, 위성 국가들이 해체되며, 러시아가 자본주의 정책을 도입한 이후 세계는 많이 달라졌다. 구소련의 철의 장막 속에 감추어졌던 러시아정교회와 여타 다른 정교회의 베일이 벗겨지기 시작했다. 그래서 러시아정교회를 비롯해 그동안 알지 못했던 동방정교회들에 대한 관심이 한층 많아지고 있다. 동방정교회는 그리스도교가 시작된 후 초기 7~8세기까지는 그리스도교 신학을 만들어가면서 그리스도교를 이끌어갔던 주체 세력이었다. 그러나

---

* 이 글은 2018년 3월 22일 한국기독교장로회 전남노회 목회자 성서학당과 2019년 4월 25~26일 강화도 심도학사에서 각 3회에 걸쳐 발표한 것이다.

11세기 동·서 교회가 분리된 이후에는 소모적인 전통 수호에 매달려 주도권을 서방 교회에 빼앗기고 말았다. 지금까지 교회사는 초기부터 8~9세기까지 동방 교회의 역사를 간과해 버리고 서방 로마 가톨릭교회 중심의 역사 서술이 대세였다. 그러나 이제는 시대에 따라 역사를 새롭게 다시 기술해야 하게 되었다.

동방정교회는 언제 시작되었는가? 주후 50년경 이후에 사도 바울이 그리스 땅인 빌립보(행 16:11-40), 데살로니가(행 17:1-9), 베뢰아(행 17:10-15), 아덴(행 17:16-34), 고린도(행 18:1-17) 등 그리스에서 전도 활동을 했다. 이처럼 그리스 교회를 놓고 본다면, 로마교회보다 먼저 시작된 것이 바로 그리스 교회들이다. 로마교회를 AD 42~68년에 베드로가 개척했다는 가톨릭의 주장은 근거가 없는 전설 같은 얘기다.

동방정교회는 성서적 근거보다는 AD 325년부터 787년까지 동방 지역에서 열렸던 일곱 공의회를 주체 교회라고 주장한다. 콘스탄티누스 황제가 그리스도교를 로마 국교로 선언한(313) 밀라노 칙령 후 그는 최초의 니케아 공의회(325)를 소집했다. 이렇게 시작된 황제가 소집하는 종교회의는 전부 동방 지역에서 열렸다.

① 니케아 공의회(325), ② 콘스탄티노플 공의회(381), ③ 에베소 공의회(431), ④ 칼케돈 공의회(451), ⑤ 제2차 콘스탄티노플 공의회(553), ⑥ 제3차 콘스탄티노플 공의회(681~681), ⑦ 제2차 니케아 공의회(787).

이 일곱 차례의 공의회에서 그리스도교 중대한 교리들이 결정된다. 아리우스의 단성론이 정죄되고, 삼위일체 교리와 그리스도론 교리가 만들어지고 니케아 신조, 칼케돈 신조, 사도 신조 등이 전부 동방 교회 쪽에서 이뤄졌다. 아울러 교회가 시작된 순서도 예루살렘, 안디옥, 알렉산드리아, 로마, 콘스탄티노플의 순서로 시작되었고, 이들 5개 교회는 초기 5대 교구의 역할을 해나간다. 이처럼 동방정교회는 초기 4세기부터 8세기까지의 일곱 공의회를 주도해 온 초기 교회의 주체 세력이었다는 주장은 타당하다.[1]

II. 7개 공의회의 역사와 신학

초기 그리스도교 7개 공의회에 대한 역사적·신학적 이야기는 그리스도인들에게 중요하고 끊임없는 관심사이다. 동방정교회는 7개 공의회의 신앙 유산을 수용하며 특별히 니케아 신조와 칼케돈 신조를 수용한다. 동방정교회의 지역교회들은 행정적으로 독립 혹은 자치를 누리면서도 신앙, 예전 그리고 신조의 수용에 대해서는 일치를 추구하면서 스스로 주교들을 세울 수 있는 권한을 가진다. 전승적으로 콘스탄티노플의 총대주교가 동등한 정교회 주교들 안에서 영예에 있어 우선순위로 간주한다.

주후 1천 년 동안은 분리되지 않고 하나였던 그리스도교 역사

---

1 정수영, 『중세교회사 II』 (쿰란출판사, 2017), 164-166.

를 바로 이해하는 것이 중요하다. 대다수의 진지한 학자들은 분리되지 않은 하나의 그리스도교가 정교회를 통해서 계속되어 오고 있다는 사실을 인정하고 있다. 다시 말해 정교회는 오순절에 그리스도께서 예루살렘의 다락방에서 세운 바로 그 교회(행 2:1-13)인 것이다. 정교회는 사도들의 시대로부터 지금까지 변함없이 그리스도교의 전통을 끊임없이 계속 전승해 오고 있다는 것이다. 그래서 "ORTHODOX" 교회라고 부르는 것이다. 정교회는 성령의 인도에 따라 2천 년 동안, 올바른 하나의 길을 따라왔다.[2]

그리스도교 역사에서 동방과 서방은 콘스탄티노플, 알렉산드리아, 안디옥, 예루살렘을 중심으로 헬라어 권역과 로마 교구를 중심으로 라틴어 권역에 속하는 서방으로 구분된다.

동방 교회의 신학자 브리아(Ion Bria)에 따르면 현재 전 세계의 동방 교회는 크게 3개의 지역에 약 3억 명의 신도를 갖고 있다. 지역적으로 ① 고대 총대주교구에 속하는 동방 교회와 그 교회에 소속된 중동의 교회에는 콘스탄티노플 총대주교구(이스탄불), 알렉산드리아 총대주교구(이집트), 안디옥 총대주교구(다마스커스), 예루살렘 총대주교구가 있다. 또한 하나님의 작은 포도원들(Little Vineyards of Gods), 예를 들면, 동방 교회라 불리는 교회로서 콥틱 교회(이집트), 아르메니아 사도적 교회, 아르메니아 교회, 에치오피아 교회 등이 있는데, 이 동방 교회들은 451년 칼케돈 공의회에

---

2 존 메이엔도르프(John Meyendorff), 『비잔틴 신학 - 역사적 변천과 주요 교리』 (정교회출판사, 2018), 6.

서 단성론파로 정죄된 교회들이다. 이곳의 교회들은 역사적 중요성에도 불구하고 오랫동안 이슬람의 지배로 세계 무대에서 제 역할을 다하지 못했다. ② 중부와 동부 유럽의 동방 교회는 최근 구소련이 몰락하기 전까지 주로 공산주의 이념에 의하여 지배받던 지역의 교회들이다. ③ 서유럽 북남미 지역의 동방 교회 디아스포라로 구성된 새로운 지역의 정교회들로서 주로 중동지역과 중동부 유럽의 동방 교회 신자들이 그곳으로 이민 가서 시작한 지역이다. 이들은 현재 서방 교회들과 활발히 접촉하고 있다.3

콘스탄티누스 황제(324~337)는 그리스도교와 로마제국의 충돌 시대의 종지부를 찍었다. 그는 옛 수도를 버리고, '문명화된 세계'로 간주하여 온 제국의 정치적, 문화적 중심을 비잔티움이라는 보스포루스, 옛 그리스의 도시로 옮겼다. 공식적으로 콘스탄티노플 혹은 '신(新) 로마'라 불리게 된 이 도시는 이후 로마 제국이 1453년 투르크에 멸망하기까지 1100년이 넘도록 계속해서 제국의 수도였다. 특별히 이집트, 팔레스타인, 시리아의 그리스도교의 중심지들이 사라진 후 콘스탄티노플은 동방 그리스도교의 명실상부한 중심지가 되었고, 이 도시의 주교는 '에큐메니칼 총대주교'(세계 총대주교)라는 칭호를 가지게 되었다. 콘스탄티노플의 선교사들은 발칸 지역, 동유럽의 대평원 코카서스에 이르는 광대한 지역에 신앙을 전해주었다. 서방의 라틴 세계에서 '구(舊) 로마'가

---

3 서요한, 『중세교회사』(*A History of the Medieval Church*) (그리심, 2010), 161-165.

그러했던 것처럼, '신(新) 로마' 또한 중동지역과 동유럽 문명의 요람이 되었다.[4]

특히 중요한 그 시대의 모든 보편적 공의회들은 콘스탄티노플 혹은 그 인근에서 개최되었다. 이 공의회들에서 그리스도는 누구인가에 대한 교의(敎義)가 확정되었고, 성서와 예배문서들은 각기 다른 지역의 언어들로 번역되었다.

동·서방 교회가 분열한 원인과 격렬한 논쟁 중 하나는 서방 교회가 니케아 신조에 동방과의 협의 없이 추가한 '필리오케' (Filioque, "그리고아들로부터") 조항과 관계된 것이 결정적 이유가 되었다. 9세기에 포티우스(Photius)를 콘스탄티노플의 대주교로 정한 것을 교황이 거부한 것도, 중요한 분열의 원인이다. 동·서방 간에 논쟁의 심화는 1054년 서로 간에 파문장을 보냄으로써 정점에 이르렀다. 제4차 십자군(1204) 때에 서방 교인들이 콘스탄티노플을 약탈한 사건은 서방을 향한 동방의 적의를 증대시켰다.[5]

III. 제이의 로마

초대교회사에서 가장 흥미로운 역사적 사건은 어떻게 박해받

---

4 메이엔도르프, 『비잔틴 신학』, 9.
5 부르스 셸리(Bruse Shelley), 『현대인을 위한 교회사』(Chruch History in plain Language) (크리스찬다이제스트, 2005), 187-199.

던 그리스도교로부터 위대한 제국을 떠맡게끔 되었는가 하는 것이다. 312년 10월 로마 북쪽 밀비안 강 근처에서 역사적인 '밀비안 전투'가 벌어졌다. 4세기 역사가 유세비우스(Eusebius)는 이 전투를 자세히 기록해 전해주었다. 로마 군인들은 전쟁에서 아폴로 신을 숭배하였고 콘스탄티누스 장군도 예외가 아니었다. 10월 27일 막센티우스와의 결전을 하루 앞두고 콘스탄티누스는 아폴로에 승리를 기원하던 중 하늘에서 기이한 환상을 보았다. '그리스도 $X\rho\iota\sigma\tau o\varsigma$'의 이름 첫 두 철자 '키 X'와 '로 ρ'가 결합한 그리스도교의 '☧'(키로) 상징이 하늘에 나타난 것이다. 그리고 신비한 음성도 같이 들었다.

"이 표시로 승리하라!"(in hoc signo vinces, in this sign conquer). 이 환상의 결과 콘스탄티누스 장군은 신비한 경험을 통해 어머니의 종교인 그리스도교를 수용하기로, 결심했다. 이어서 병사들은 모든 무기, 방패, 갑옷에 '키로'를 새기도록 명령했고, 이 문양을 크게 그린 '라바룸'(Labarum)이라 부르는 대형 군기를 만들어 앞세우게 했다. 콘스탄티누스는 역사상 처음으로 그리스 신이 아닌 그리스도교의 신의 이름으로 전쟁의 승리를 기원한 장군이 되었다.

10월 28일 드디어 역사의 방향을 정하는 대전이 벌어졌고, 결과는 열세였던 콘스탄티누스의 대승이었다. 경쟁자 막센티우스는 밀비안 다리에서 익사하였다. 얼마 후 콘스탄티누스는 로마에 입성하여 개선식을 열고, 40세에 서로마 황제로 등극하였다. 이제 로마는 최초의 그리스도교 황제를 두게 되었고, 콘스탄티누스의 운명만큼 그리스도교의 운명도 완전히 달라졌다. 콘스탄티누스는 그리스도교 신앙을 받아들인 첫 황제가 되었다. 이 사건들의 연속은 교회사 첫 주요한 시기를 끝내고, 비잔틴 그리스도교 제국의 창조를 가져오는 것이었다.[6]

324년 콘스탄티누스는 최고 절대적 권력을 장악하자, 새로운 국가 창조에 주요한 요소로서 교회를 이용하기 시작하였다. 맥구킨 교수는 로마 영토 내의 동·서방 지역들의 독재적인 유일한 황제가 된 콘스탄티누스의 과업 결과를 다음과 같이 알린다. "그는 새로운 수도를 찾아냈는데, 그것은 '제이의 로마', '모든 도시의 영광' 콘스탄티노플이었다." 그리고 모든 면에서 옛 수도를 능가했다. 군사적, 경제적, 지리적으로 로마 세계의 진정한 심장부, 즉 국제적인 문화의 영향력이 주요한 창구이자 중심지였다.

그리스도로 교화한 로마제국에 대한 역사적 고찰을 이렇게 정리할 수 있다. "비잔티움 발전의 주된 원천은 로마의 국가 제도와 그리스 문화 그리고 그리스도교 신앙이다. 우리가 흔히 비잔티움 제국이라고 부르는 역사적 구조물은 헬레니즘 문화와 그리스도교라는 종교 그리고 로마의 국가 형태가 종합되면서 비로소 설립했다."[7]

---

6 존 안토니 맥구킨(John Anthony McGukin)/이기영 역, 『비잔틴 전통의 성인』 (*Standing in God Holy Fire: Byzantine Tradition*) (동연, 2018), 20-22.
7 게오르크 오스르로 고르스키/한정숙·김경연 역, 『비잔티움 제국사 324-1453』 (까치글방, 2014), 9-12.

48 | 동방정교회의 역사와 영성

이러한 종합은 기원후 3세기의 위기 시대에 이르러 로마제국의 무게중심이 동방으로 이동함으로써 가능해졌으며, 로마제국이 그리스도교화하고, 보스포루스 해협 기슭에 새로운 수도를 건설한 그것이 가장 가시적 표현이라 하겠다. 그리스도교가 승리하고, 국가의 중심이 그리스화 된 동방으로 최종적으로 이동했다고 하는 이 두 사건은 비잔티움 시대의 시작을 상징한다.

비잔티움은 오랫동안 풍요로운 황혼기를 가졌다. 10세기에 비잔티움은 슬라브 사람들에게 그리스도교화하는 것을 후원했으며, 그 후 세계 그리스도교에도 큰 영향을 끼치게 되었다. 11세기와 13, 14세기에 적어도 저작과 예술에서 크나큰 신앙부흥의 시기를 가졌다. 오토만 군대가 1453년 그 도시를 정복했을 때, 비잔티움은 정교회의 관례와 의식 속에서 여맥을 유지했다. 수도사들의 거주지는 아토스산(山) 혹은 북루마니아에 있는 헤지케스트, 즉 영성론자 수도원들로 이는 마치 비잔티움이 잔존 하는 것처럼 여전히 남아 있다. 영적인 문화는, 오늘날까지 신비스러움과 그 전성기에 그리스도교의 저작을 대표하는 성인들과 교사들의 풍요롭고 오래된 전통과 더불어, 동방정교회들의 영적인 생명력에서 우세한 형태로 남아 있다.

IV. 에큐메니칼 7개 공의회(325~787)

박해가 종식된 4세기는 그리스도교 역사와 신학 모두에서 전환의 시대이다. 그리스도교 발전과 그에 따른 부정적 요소가 함께 배태되는 시기였다. 콘스탄티누스 황제가 개종한 이후 박해는 끝나고, 그리스도교는 로마제국으로부터 공인받았다. 얼마 전까지 그리스도교는 신앙생활을 공개적으로 할 수 없었다. 이제 교회는 순교로 신앙과 교회를 지키던 열정을 신학과 교회 활동에 집중할 수 있었다. 신학이 공개적으로 논해졌고, 신학의 주제들도 정비되었다. 교회 양식의 건축이 생겨나고, 그리스도교 미술이 본격적으로 발전하기 시작했다. 예배의 다양한 양식과 예식도 관심을 끌었다. 이렇게 4세기에 들면서 '신학'을 공개적으로 논의할 수 있는 분위기가 형성되던 시기에, 교회를 소용돌이로 몰아넣는 사건이 발생한 것이다.

그리스도교는 철저하게 믿음의 종교이지만, 또한 지식을 중요시하는 종교이다. 이런 지적인 초대 그리스도인들에게 의문이 생겼다. 과연 예수 그리스도는 어떤 분인가? 그는 정말 하나님이신가? 하나님과는 어떤 관계인가? 소위 '삼위일체 하나님'에 관한 신학적 의문을 제기하였다.

동방정교회에서 공의회는 하나님이 그의 백성을 인도하기 위해 선택한 중요한 기구라 믿으며, 보편교회를 본질적으로 협의회적(Conciliar) 교회로 생각한다. 공의회는 교회의 본질적 본성이 살아있는 구현체이다.[8] 비잔틴 시대의 교회 생활은 7개 공의회의 지도를 받았다. 공의회는 다음의 세 가지 문제를 제기하고 결정하였다. 삼위일체, 그리스도론 그리고 성화상이 그것이다.

1. 제1차 니케아 공의회(325): "그가 존재하지 않았던 때가 있었다"

1) 문제의 주인공은 아리우스(Arius)였다

아리우스는 오리게네스 사상의 계승자 중의 한 명인 루키안 (Lucian)의 제자이다. 오리게네스의 그리스도론에 있는 종속적 경향이 루키안에게 계승되었고, 루키안의 신학이 아리우스에게로 넘어갔다. 아리우스는 하나님을 유일성(uniqueness)과 초월성 (transcendence)으로 특징되는 '유일신'으로 본 것이다. 아리우스는 이를 근거로 하나님과 '동일본질'(호모우시오스, Homoousios)이 아니라 '유사본질'(호모이우시오스, Homoiousios)이며 심지어 '예수가 존재하지 않았던 때가 있었다'(There was a time when He was Not)고 비성서적인 발언도 서슴지 않았다. 그래서 아리우스는 '아들은 아버지의 유출이 될 수 없고, 아버지의 본질의 일부분이 될 수 없으며, 아버지와 유사한 어떤 존재도 아니다'라고 주장했다. 아리우스에게 성부는 유일성과 절대성이 부여되고, 성자는 피조물

---

8 디모데 웨어/이형기 역,『동방정교회의 역사와 신학』(한국장로교출판사, 2008), 5.

이 됨으로써, 성부와 성자는 전혀 다른 본질(ousia)이 될 수밖에 없다. 그러므로 아리우스의 그리스도론을 전형적인 종속론(subordinationism)의 유형이라 할 수 있다.[9]

아리우스의 '유사본질'에 대하여 알렉산더(Alexander)와 아타나시우스(Athanasius)는 아리우스를 반박하고 파문하였다. 아리우스는 알렉산드리아에서 추방된 후에도 니코메디아의 주교 유세비우스(Eusebius of Nicomedia)의 지지를 받으며 더욱 세를 확장하였다. 여러 도시에서 정통파와 다툼도 격화되었고 급기야 아리우스파는 테러도 일삼았다. 325년 콘스탄티누스는 주교들을 모두 초청하여 공의회를 소집하였다. 장소는 아름다운 아카르디아 호수 옆에 황제의 별궁이 있는 니케아였다.

격론의 결과 주교 두 명을 제외한 모두가 아리우스파의 이단성에 표를 던졌다. 이러한 결과에는 대주교 알렉산더(Alexander)를 수행한 아타나시우스의 활약이 컸다. 콘스탄티누스 대제는 아리우스 책을 모두 불태우고 추방할 것을 명했다. 공의회는 성자 예수에 대한 니케아 신조(Necene Creed)를 만들어 다음과 같이 고백하였다. "하나님의 독생자 예수 그리스도는 창조된 분이 아니라 하나님 아버지와 같은 본질(Homoousios)을 가지신 참 하나님이시고 빛의 빛이시다."

니케아 공의회는 기타 안건으로 부활절을 유대교 달력으로 지

---

9 김동건, 『그리스도론의 역사』 (대한기독교서회, 2018), 123-134. 아리우스의 그리스도론을 종속론 유형이라 한다.

키는 것을 폐하고, 로마 달력에 따라 춘분이 지난 만월 직후의 일요일에 지키는 부활절을 정하였다. 이미 논의한 바와 같이 니케아 공의회는 황제가 소집한 최초의 회의로 이후 교회에 정치가 개입되는 계기가 되었다. 각지에서 온 주교들은 몇 주일 더 머무르며 큰 연회를 가졌다. 카이사랴의 주교 유세비우스는 이전의 혹독한 박해 시대를 회상하며 이 모든 놀라운 변화들이 믿기지 않아 이렇게 말했다. "마치 그리스도의 왕국을 미리 보는 것과 같다. 모든 것이 현실이 아닌 꿈처럼 느껴진다."

2) 국가와 교회 간의 동맹

콘스탄티누스가 초석을 놓은 국가와 교회 간의 동맹은 그 두 동반자에게 대단히 큰 소득을 가져다주었지만, 또한 양쪽 모두에 전혀 새로운 어려움도 안겨 주었다. 로마-비잔티움 국가는 그리스도교에서 강력한 정신적 통합력을 발견했고, 황제의 절대주의는 강력한 도덕적 지주를 발견했다. 교회는 국가로부터 풍부한 물질적 수단을 얻었으며, 선교활동에서뿐만 아니라 반(反)교회적 조류들과의 투쟁에서도 지원을 받았다. 그러나 이로 인해서 교회는 국가의 감독 아래 놓이게 되었다. 국가는 국가대로 교회와 운명을 함께 하게 되면서 모든 면에서 교회 당파들의 끝없는 대립에 휩쓸려 들어갔다.

신앙 투쟁은 이제 교회 내부의 일로만 머무르지 않고, 정치적 계기들로 복잡해지면서 교회 발전뿐 아니라, 국가 발전에도 중요한 구성요소가 되었다. 이때 국가적 목표가 교회의 목표와 언제나 일치하는 것은 아니었으며, 교회와 국가의 협력을 종종 두 세력 간의 대립으로 반전되기도 했다. 국가가 교회 분쟁에 관여하는 것, 정치적 목표와 종교적 목표의 맞물림, 교회와 국가의 협력과 대립, 이 모든 계기는 콘스탄티누스 시대에 이미 나타났다. 니케아 공의회의 판결이 있었다고는 하지만 아리우스주의는 세상에서 근절되지 않았다. 처음에는 아리우스 반대파를 지지했던 것처럼 보였던 황제가 진술을 바꾸어 아리우스 교회 공동체를 받아들이도록 강요했다. 그러나 그로 인해서 그는 정통파 성직자들, 특히 328년부터 알렉산드리아 주교직을 맡았던 아타나시우스와 갈등에 빠졌다. 이 위대한 성직자는 이 추방지에서 저 추방지로 끌려다니며 생을 마감할 때(373년)까지 정통교리를 위해 투쟁했다.[10]

3) 아타나시우스가 고수한 신앙

아타나시우스는 373년 그가 사망할 때까지 45년 동안 알렉산드리아의 대감독으로 일했다. 그는 자신의 생애 중 3분의 1을 망

---

10 오스트로고르스키, 『비잔티움 제국사 324-1453』, 28-31. 아리우스 교리는 우세했던 시대에 고트족이 기독교를 받아들이기 시작했고, 그에 따라 게르만 부족들이 아리우스주의의 특징을 지닌 새로운 신앙을 받아들였다는 사실이다. 비잔티움에서 아리우스주의가 붕괴한 후에도 오랫동안 대부분의 게르만 부족들은 아리우스파의 교리를 고수했다.

명지에서 보내야만 했다. 왜냐하면 제국의 반대에도 니케아 신조의 핵심 용어를 줄기차게 옹호했기 때문이다. 좋게 보면 그는 '완고한 성인'이다. 아리우스 냄새를 풍기는 어떤 것이라도 —심지어 황제가 그의 생명을 위협했어도— 타협하지 않고 반대했기 때문이다. 그는 동방정교회에서뿐만 아니라 로마 가톨릭교회에서 성인으로 추앙받았다. 프로테스탄트 교회도 그를 초대교회의 위대한 교사 중의 한 사람으로 간주하였다. 곤잘레스는 "아타나시우스는 의심의 여지 없이 고대 알렉산드라 감독직을 역임한 사람들 가운데 가장 뛰어난 감독이었고, 동시에 당대의 위대한 신학자였다"고 말했는데, 이는 대부분 신학자도 동의한 바이다.

아타나시우스와 그를 둘러싼 논쟁은 4세기 중엽(340~381) 교리의 역사가 국가와 교회의 역사처럼 더 음모적이어서 사회적 불안을 일으켰다. 아타나시우스는 초대교회의 마르틴 루터와 같은 사람으로 평가된다. 16세기의 종교개혁자처럼 사회적이고, 교리적인 갈등과 소란의 바람 앞에 서 있었다. 그러나 진리를 향한 그의 입장은 확고했다. 루터의 격언 "할 수 있으면 화해하라. 그러나 어떤 대가를 치르더라도 진리는 사수하라!"는 말은 아타나시우스에게도 해당되었을 것이다.

325년과 332년 사이 어느 시점—마침 아타나시우스가 알렉산드리아의 감독 임무를 수행하고 있을 때—부터 콘스탄티누스 황제는 입장이 바꾸기 시작했다. 332년에 콘스탄티누스는 아리우스를 알렉산더의 장로로 복직시키고, 새로운 감독을 임명하여 아리우스를 성찬식에 참여할 수 있도록 명령했다. 아타나시우스는 아리우스가 성부와 성자 간의 관계를 묘사할 때 "호모우시오스"(동일본질)를 확실히 말해야 한다고 거절했다. 그러나 아리우스는 그렇게 하지 않았다. 아타나시우스는 아리우스를 배제하였고, 황제의 청원과 위협을 무시해 버렸다. 그 결과 아타나시우스는 콘스탄티누스에 의해 국외로 추방을 당했다. 그가 망명간 곳은 로마제국에서 가장 멀리 떨어져 있던 서쪽 지역, 독일의 트리어(Trier)였다. 그의 망명 생활은 335년 11월부터 시작하여 337년 콘스탄티누스가 사망할 때까지 계속되었다. 그것은 아타나시우스가 여전히 알렉산드리아 교구의 합법적인 감독의 신분을 유지하고 있었기 때문이다. 그는 망명 중에도 여전히 알렉산드리아 사람들로부터 사랑받는 감독이었다.

서방측 기독교 지도자들은 아타나시우스를 열렬히 환영하였다. 정통 삼위일체 교리(니케아신조)와 관련하여 서방측 교회 지도자들에게 미친 영향력은 매우 컸다. 또한 아타나시우스는 이집트 사막의 은둔 수도사들을 서방측 교회에 소개해 주었다. 서방측 기독교 지도자들에게 이것은 새로운 현상이었다. 아타나시우스가 개인적으로 흠모하는 이상적인 인물 중의 한 사람은 사막의 안토니(Anthony of the Desert)였다. 아타나시우스는 『안토니의 생애』(The Life of Anthony)라는 책을 썼고, 제국 전역에 수도원주의를 알리는 데 기초가 되었다.

아타나시우스의 "기본 입장은 오직 유일하신 하나님만이 피조물을 하나님과 연합시킬 수 있다"는 것이고, "구원은 아버지로부터 중간 매개자인 아들을 통해 피조물에게 이르는 것이다." 모든 복음은 참 하나님이요, 참 인간이신 예수 그리스도에게 의존하고 있기 때문이다.

아타나시우스는 모두 다섯 차례의 추방을 당하였다. "47년 동안의 감독 생활 가운데 17년을 망명지에서 보냈다. 정치와 신학은 함께 엉켜있었다. 그래서 아타나시우스는 니케아가 선언한 대로 가톨릭 신앙에 대한 그의 이해를 변호하면서 일생을 보냈다."[11]

2. 콘스탄티노플 공의회(381): "성령은 하나님과 동일 본질이다"

콘스탄티누스 대제가 사망하자(337) 폭력 사태가 발생했다. 유혈사태로 콘스탄티누스 대제의 계획은 수포로 돌아갔으나 콘스탄티누스 왕조의 지속은 보장되었다. 그의 세 아들이 로마제국을 삼등분하여 통치하게 된 것이다. 콘스탄티누스 2세(21세)는 갈리아, 영국, 스페인을, 코스탄티우스 2세(20세)는 소아시아, 시리아, 이집트를, 콘스탄스(14세)는 이탈리아, 아프리카, 다뉴브강 유역을 분할받아 다스리기로 했다. 그런데 3년이 지나서 콘스탄티누스 2세와 콘스탄스 사이에 전쟁이 발발했다. 이 전쟁에서 막내인 콘스탄스가 큰 형을 이기고 처형한 다음 그의 영토를 차지했다.

---

11 로저 E. 올슨/김주한·김학도 역, 『이야기로 읽는 기독교 신학』(대한기독교서회, 2016), 189-203.

그 결과 340년 이후부터 콘스탄스는 서로마를, 콘스탄티우스 2세는 동로마를 계속해서 다스리게 되었다.[12]

한 세대 후 니케아 신앙이 승리를 거두자, 데오도시우스 황제는 새로운 질서를 비준할 목적으로 공의회를 소집했다. 역사적인 콘스탄티노플 공의회가 381년 5월, 150명의 동방 감독들이 참석한 가운데 개회되었다. 공의회는 7월 9일에 막을 내릴 정도로 긴 기간이 걸렸다.

공의회의 신조는 성령에 관한 신앙고백을 성서 본문의 인용으로 대체하였다. 성령은 분명히 '주님'(고후 3:17)이시다. 성령은 생명과 관련(롬 8:2)이 있다. 성령은 '생명을 주시는 분'(고후 3:6, 요 6:63)이시다. 카파도키아의 빛나는 별, 온 교회의 위대한 스승 성대(大) 바실리우스 주교가 주장한 대로 "건전한 교리는 아들이 아버지와 동일본질임을 고백하고, 성령이 아버지와 아들과 동일하신 영광과 반열에 속함을 고백하는 신앙이다"를 반영함 셈이다.

콘스탄티노플 공의회가 성령에 관한 교리를 세우는 데 많은 공헌을 했다. 첫째, 성령에 주님이시라는 신적 칭호가 사용된 점, 둘째, 성령이 생명을 주시는 분으로서 본성상 예언도 가능케 하는 신적 기능을 지닌 것을 확인했다. 셋째, 성령이 아버지의 창조로 아니라 아버지로부터 발하심이니 신적 원천을 확인한 점, 넷째, 아버지와 아들에게 드리는 최상의 경배를 성령에게도 동일하게

---

12 레오 도널드 데이비스/이기영 역,『초기 그리스도교 에큐메니칼 7대 공의회 - 그 역사와 신학』(대한기독교서회, 2018), 121 이하.

돌린다는 진실을 밝힌 점이다.[13]

또한 콘스탄티노플에 감독들의 지위를 로마 다음으로 중요하게 여겨 콘스탄티노플을 "새로운 로마"로 간주했다. 하지만 더 중요한 것은 〈니케아-콘스탄티노플 신조〉(Nicene-Constantinople Creed)가 탄생한 것이다. 이 신조는 당시 정죄된 여러 이단 사상들을 반박하기 위해 작성되었다. 신조 전문은 아래와 같다.

우리는 한 분 하나님, 전능하신 아버지, 보이는 것이나 보이지 않는 천지 만물을 지으신 하나님을 믿습니다. 그리고 한 주 예수 그리스도를 믿사오니, 이는 하나님의 독생자, 모든 세대 이전에 아버지로부터 나신 자, 빛으로부터의 빛, 참 하나님으로부터의 참 하나님, 나셨으나 지음받은 것이 아니며, 아버지와 동일본질이십니다. 이를 통하여 만물이 생겨났으며, 그는 우리 인간들을 위하여, 우리의 구원을 위하여 하늘로부터 내려오셔서 그리고 성령과 동정녀 마리아에게 성육신하셨고, 사람이 되어, 우리를 위하여 본디오 빌라도에게 십자가에 못 박히셨고, 고난받으시고 장사 지낸 바 되었다가 성경대로 3일 만에 다시 살아나시어 하늘에 오르사 아버지 우편에 앉아 계십니다. 산 자와 죽은 자를 심판하기 위하여 영광으로 다시 오실 것이며 그의 나라는 무궁합니다. 또한 성령을 믿사오니 이는 주 되시며 생명을 주시는 자이시니, 아버지로부터 나오셨으며, 곧 아버지와 아들과 더불어 경배와

---

13 데이비스, 『초기 그리스도교 에큐메니칼 7대 공의회』, 183.

영광을 받으시며, 선지자들을 통하여 말씀하셨나이다. 하나의 거룩
하고 보편적인 사도적 교회를 믿사오며, 죄 사함을 위한 하나의 세례
를 고백하며, 죽은 자의 부활과 오는 세상의 생명을 바라옵니다.[14]

이 신조는 성령을 성부와 성자와 동일한 본질로 정의하였고,
성령을 성부와 성자와 더불어 경배와 영광을 받으시는 분으로 표
현하여 '성령의 신성'과 삼위일체적 지위를 정립하였다. 니케아-
콘스탄티노플 신조는 동방정교회만의 신조였다. 서방 교회가 동
방 교회에서 만들어진 신조를 수용하는 것은 자존심이 걸린 문제
였다. 한편 콘스탄티노플 공의회 이후 아리우스주의자들은 제국
밖에 거주하고 있던 서고트족, 동고트족, 부르군디족, 반달족 등
야만족들 속으로 급속히 들어갔다.

3. 에베소 공의회(431): 그리스도론 논쟁 - "크리스토토코스냐, 테오
토코스냐"

에베소 공의회가 열릴 즈음에는 게르만족이 승승장구하여 서
로마 전역에 새로운 왕국을 여럿 세웠다. 그들은 권위 있는 로마법
질서를 원시적인 관습으로 대체하고, 아리우스 신앙에 따른 예전
을 강요하기도 했다. 옛 로마의 귀족들은 부패한 도시를 떠나 요새

---

14 황명길, 『기독교 7대 공의회의 역사와 신학』(고려신학교 출판부, 2014),
134-139.

화된 시골 저택으로 피신하여 살았으나 그곳에서 통상 농산물의
3분의 1, 생산된 목재의 2분의 1 정도를 소위 '게르만 손님들'에게
바쳐야 했다.

동로마 제국의 동부지역은 난공불락의 요새인 콘스탄티노플
이 통치했기 때문에 다뉴브 국경에서 약탈을 일삼는 고트족이나
살벌한 폭도인 훈족의 침략에도 굳건히 견디어낼 수 있었다.[15]

주지하는 바와 같이 최초의 에큐메니칼 니케아 공의회(325)에
서는 "예수는 과연 누구인가?" 하는 문제가 논쟁의 화두였다. 그
리고 공의회는 "예수는 하나님과 동일본질이다"라고 결론지었다.
콘스탄티노플 공의회(381)에서는 아리우스의 이단성을 재확인하
고, 성령의 신성을 확증했다. 교회는 두 공의회를 통해 예수는 완
전한 하나님이며, 완전한 인간임을 최종적으로 선언했다. 여기까
지가 '삼위일체 논쟁'이다.

그렇지만 예수 안에 있는 신성과 인성이 어떻게 '하나'가 되며
어떤 관계인가 하는 문제는 여전히 숙제였다. 이것은 4세기에 '기
독론 논쟁'으로 발전되었고, 이를 위해 4개 공의회가 연속적으로
개최되었다. 그 예로 431년 에베소 공의회는 예수의 양성, 즉 신성
과 인성을 가진 분으로 결정했다. 451년 칼케돈 공의회는 이러한
예수의 양성이 한 인격(One Person) 안에, 혼동되지 않고(Without
Confusion), 변화되지 않고(Without Change), 분할되지 않고(Without

---

15 데이비스, 『초기 그리스도교 에큐메니칼 7대 공의회』, 195-198.

Division), 분리되지 않고(Without Separation) 연합되어 있다고 확정했다. 553년 제2차 콘스탄티노플 공의회는 예수께서 하나의 성, 즉 신성만을 가졌다는 단성론을 정죄했다.

그럼에도 기독론 논쟁은 끝나지 않았다. 600년 초, 콘스탄티노플의 총대주교 세르기우스(Sergius, 610~638)는 "예수는 하나의 의지만 가진 분이다"라는 단일의지론(Monothelitism) 사상을 주장하면서 다시 논쟁이 불붙었고, 이를 해결하기 위해 제3차 콘스탄티노플 공의회(680)가 개최되었다. 이 공의회에서 단일의지론을 정죄하였다. 사실 이 공의회가 공식적인 기독론 논쟁을 종결짓는 마지막 모임이었다. 그러나 이후 다시 논쟁이 발생되어 최종적으로 종결되는 시기는 아나스타시우스(Anastasius, 713~715)가 황제가 되던 713년이었다. 이처럼 기독론의 역사는 332년의 역사가 있다. 이제 기독론 논쟁의 발단이라 볼 수 있는 네스토리우스 논쟁과 관련된 에베소 공의회에 대해 살펴보고자 한다.[16]

에베소 공의회에서 벌어진 논쟁은 '하나님의 어머니'(Theotokos)에 관한 것으로 시작되어, 그리스도론 논쟁으로 이어진다. 네스토리우스는 안티오키아의 전통을 대표하고, 키릴루스는 알렉산드리아의 전통을 대변했다. 철학자들이 아리스토텔레스파 아니면 플라톤파로 나뉘어 논쟁하는 것과 대동소이하다. 신학적으로 그리스도론에서 공관복음서가 말하는 '예수'로부터 출발하여 사람

---

16 황명길, 『기독교 7대 공의회의 역사와 신학』, 149-150.

인 예수가 어떻게 하나님이 되셨는가를 설명하는 방식을 안티오키아 학파가 대변한다면, 알렉산드리아 학파는 요한복음의 서문에 나오는 '말씀'으로부터 출발하여 로고스가 성육신한 뜻을 설명하는 방식을 대변한다.[17]

다시 정리하면, 키릴루스가 속한 알렉산드리아 학파는 '말씀(로고스)-육신'(Word/Logos-Flesh) 그리스도론을 주장했다. 이들은 철학적으로 플라톤의 영향을 받았고, 모든 텍스트에 몇 개의 의미가 있다고 믿는 우의적(allegorical) 성서해석을 추구했다. 알렉산드리아 학파의 중심사상은 로고스 사상이며 그리스도의 신성이 인성보다 좀 더 강조되었다.

네스토리우스가 속한 안티오키아 학파는 아리스토텔레스의 철학적 바탕을 둔 '말씀-인간'(Word-Man) 그리스도론을 주장한 학파였다. 네스토리우스의 주장은 '하나님의 어머니'라기보다 '그리스도의 어머니'(Christotokos)를 강조한 것이다. 나아가 네스토리우스는 신성이 불변이라는 이전의 모든 교부의 신앙을 그대로 받아들였다. 레오 도널드 데이비스는 네스토리우스를 다음과 같이 평했다. "네스토리우스의 신학은 그리스도의 신성과 인성을 손상 없이 완벽하게 보존하려는 시도로서 칭찬받아 마땅하다. 그리스도의 인성을 완벽하게 그리고 객관적인 실체로 입증한 것은 네스토리우스 덕분이다."[18]

---

17 데이비스, 『초기 그리스도교 에큐메니칼 7대 공의회』, 207.
18 데이비스, 『초기 그리스도교 에큐메니칼 7대 공의회』, 214.

그러나 키릴루스는 "마리아는 하나님의 어머니"라고 주장했다. 육신을 통해 하나님의 말씀을 가져왔기 때문이다. 말씀 자체가 인격적으로 육신을 입었다. 그러므로 그는 하나님이시고, 동시에 사람이라고 고백해야 한다. '니케아 신조'에 충실한 키릴루스에게 성육신 이전의 말씀과 성육신 이후의 말씀은 동일한 분이다. 성육신한 분은 새로운 상태의 영원한 말씀이다. 말씀이 태에서 생명을 부여하는 육신과 하나가 되었다. 말씀이 자신의 육신으로 태어나도록 조치를 하였으므로 마리아를 '하나님의 어머니'라고 칭하는 것이다. 키릴루스는 이처럼 말씀과 육신이 하나 됨을 자연적 연합 또는 위격적 연합(hypostatic union)이라고 불렀다. 이것이 바로 한 인격 안에 신성과 인성이 공존한다는 것이고, 그리스도가 하나님으로, 또는 사람으로, 또는 신과 인간으로 '하나의 객관적 실재'(휘포스타시스)가 되는 근거이다.[19]

일렉산드리아의 키릴루스(444년 사망)는 431년 에베소 제3차 공의회에서 콘스탄티노플의 다른 감독인 네스토리우스의 몰락을 가져오게 했다. 키릴루스와 네스토리우스는 그리스도가 참 하나님이며, 삼위일체 중 한 분이심에 동의하였다. 그러나 그들은 인성에 대한 묘사와 하나님의 단일한 위격(a single person) 안에 신성과 인성의 결합을 설명하는 방법에서 의견이 달랐다. 이 학파가 서로 조화를 유지하지 않은 투쟁으로 들어간 것은 그리스도교

---

19 데이비스, 『초기 그리스도교 에큐메니칼 7대 공의회』, 219-220.

세계에 있어서 하나의 비극이었다.[20]

431년 네스토리우스는 정죄되었고, 에베소 공의회 기간에 작성한 '신앙고백서'는 다음과 같은 내용이다.

> 우리는 우리 주 예수 그리스도, 하나님의 독생자이시고, 완전한 신인 동시에 완전한 인간이시며, 한 이성적 영혼과 한 몸을 지니시고, 만세 전에 신성을 취하여 아버지에게서 나시고, 똑같은 방식으로 인성을 취하여 마리아에게서 나시고, 신성을 취하심으로 말미암아 아버지와 동일한 본성을 취하시고, 인성을 취하심으로 말미암아 우리와 동일한 본성을 취하셨음을 고백합니다. 두 본성이 하나로 연합되었고, 이 때문에 우리는 한 그리스도, 한 아들, 한 주님을 고백합니다.[21]

그 무렵 네스토리우스는 안티오키아를 떠나 아라비아 사막의 페트라(Petra)로 쫓겨났다가 다시 이지브에 거대 오아시스 지역에 가 있었다. 네스토리우스주의는 실제로 오랜 미래를 담보 받고 있었다. 네스토리우스의 후예들은 지금까지도 살아남았다. 네스토리우스파 선교사들은 아라비아, 인도양의 말라바(Malabar)섬 연안, 중국 변경의 투르케스탄(Turkestan) 지역까지 활동을 전개해 나갔다. 1625년에 중국 북서쪽 지역에서 781년 시안(당나라 수도)에 세워진 기념비가 발굴되었다. 거기에는 중국어로 635년에 네

---

20 웨어, 『동방정교회의 역사와 신학』, 35.
21 데이비스, 『초기 그리스도교 에큐메니칼 7대 공의회』, 234.

스토리우스파 선교사들이 당도한 기록이 새겨져 있다.[22]

4. 칼케돈 공의회(451): "신성과 인성"

새 황제 마르키아누스(재위 450~457)가 소집한 칼케돈의 에큐메니칼 공의회는 451년 10월 8일 5백 명의 감독들이 참석한 가운데 개회되었다. 그리스도교 제4차 공의회는 그리스도가 완전하다고 분리할 수 없는, 그러나 또한 뒤섞일 수 없는 두 본성을 가졌다고 공식적으로 천명했다. 칼케돈 공의회는 예수가 신성에 있어서 성부와 동질이며 인성에 있어서 우리와 똑같은 인간이라는 니케아 신앙을 재확인하였다.[23]

그러나 칼케돈의 결정으로 비잔티움의 중앙부와 제국의 오리엔트 속주들의 간극이 심화되었다. 이집트뿐만 아니라, 한때 네스토리우스파 이단의 피난처였던 시리아도 단성론을 지지하며 칼케돈의 교조에 반대했다. 양성론(dyophysitism)을 지지하는 비잔티움 교회와 단성론을 지지하는 오리엔트 교회의 대립은 그때부터 초기 비잔티움 제국의 가장 격렬한 교회 정치 및 국가 정치상의 문제들 가운데 하나가 되었다. 단성론은 이집트와 시리아의 정치적 분리주의 분출구가 되었다. 즉 단성론은 비잔티움의 지배에

---

22 데이비스, 『초기 그리스도교 에큐메니칼 7대 공의회』, 241-242.
23 데이비스, 『초기 그리스도교 에큐메니칼 7대 공의회』, 263 이하; 오스트로고르스키, 『비잔틴 제국사 324-1453』, 40.

대한 투쟁에서 콥트인과 시리아인의 표어로 이용된 것이다.[24]
칼케돈 신조는 다음과 같다.

> 우리 주 예수 그리스도에 관한 신앙고백을 다음과 같이 가르칩니다.
> 그는 신성에 있어서도 완전하고 인성에 있어서도 완전하시며, 참으
> 로 하나님이시고 이성적인 영혼과 몸으로 이루어진 참 사람입니다.
> 그분은 신성에 있어서도 성부와 동일본질이며 인성에 있어서는 모든
> 면에서 우리와 동일본질이되, 죄는 없으십니다. 그는 신성에 있어서
> 는 모든 세대에 앞서 성부에게서 나셨고, 인성에 있어서는 이 마지막
> 날에 우리와 우리의 구원을 위하여 하나님의 어머니 동정녀 마리아
> 에게서 태어나셨습니다. (우리는) 그가 한 분이시고 동일하신 그리스
> 도, 성자, 주님, 독생자로서 혼동도, 변화도, 분할도, 분리도 없는 두
> 본성을 지니셨음을 인정합니다. … (이하생략)[25]

그러므로 그들은 그리스어로 네 개의 부정부사를 사용해 혼동
없이(without confusion), 변화 없이(without change), 분할 없이
(without division), 분리 없이(without separation) 두 본성이 신비스럽
게 인간의 능력을 뛰어넘는 방식으로 결합됨을 선언했다.[26]

---

24 오스트로고르스키, 『비잔틴 제국사 324-1453』, 40-41. 이집트 콥트 교회와 시
   리아의 일부 교회들은 아직도 단성론자들이다.
25 데이비스, 『초기 그리스도교 에큐메니칼 7대 공의회』, 271-272.
26 데이비스, 『초기 그리스도교 에큐메니칼 7대 공의회』, 273.

위에서 고찰한 바와 같이 칼케돈 신조의 핵심은 그리스도의 두 본성(신성과 인성)이 한 인격 안에 혼합되지 않고, 변화되지 않고, 분할되지 않고, 분리되지 않고, 연합되었다는 것이다. 이로써 칼케돈 신조는 아리우스 사상을 반대하고, 니케아 신조를 받아들였으며, 그리스도의 신성과 인성의 관계를 바로 알지 못한 네스토리우스와 유티케누스의 사상을 배격함으로써 그리스도론 완성을 보았다.

칼케돈 공의회의 중요성은 또한 논란이 되어왔던 아폴로나리우스주의, 네스토리우스주의 그리고 유티케스주의, 단성론 문제 등을 해결했고, 예수 그리스도가 신성에 있어서 성부와 동질이며, 인성에 있어서 우리와 똑같은 인간이라는 니케아 신앙을 재확인했다. 또한 알렉산드리아 학파와 안티오크스 학파 사이에 오랫동안 논란이 되어 온 테오토코스(Theotokos) 문제도 확정지었다. 비로소 양대 학파가 그토록 오랫동안 논쟁했던 그리스도론 문제를 해결한 것이다.

칼케돈 공의회의 역사적 의의는 또한 '성육신의 신비'를 설명하게 했다. 성육신으로 인해 두 본성이 하나가 되는 것이 아님을 강조하여 가현설의 이단을 막았으며, 두 본성을 가졌기 때문에 두 인격이 된다는 네스토리우스의 이단성도 막았다. 적어도 칼케돈 공의회는 그리스도교 역사상 그리스도교로 남을 수 있는 근거는 오직 이 성육신의 신비에 머물 때만 가능함을 제시하였다. 칼케돈 공의회는 그리스도론의 본질적 요소를 밝혀주므로 고대 그리스도교뿐만 아니라 모든 개혁교회의 신앙고백이 되었다. 그러나 당시에 일부 사람들은 그리스도 안에 하나의 본성이 있다는 교리를 끝까지 주장하여 '단성론파'로 남게 되어 또 다른 분쟁을 예고하였다. 칼케돈 공의회 이후 33년 만에 '칼케돈 신조'는 동방 교회와 서방 교회를 극렬하게 분열시키는 단초가 되고 말았다.27

5. 제2차 콘스탄티노플 공의회(553): "한 본성이냐, 두 본성이냐"

451년 칼케돈 공의회에서 이단으로 정죄한 일부 단성론자들은 칼케돈 신조를 받아들이지 않았다. 이 단성론자들은 인성이 신성 속에 흡수된다는 유티케스의 이론에는 동의했지만, 그리스도가 한 인격이므로 한 본성만 있어야 한다는 키릴루스의 단성론 교리는 포기하지 않았다. 이들은 그리스도 안에는 하나의 위격만 존재하기에 본성도 하나라고 고집했다. 이로 인해 시작된 단성론 논쟁은 102년 동안 계속되었다. 이 논쟁 시기에 서로마 제국은 야만족들에 의해 멸망 당했고, 교회는 동로마 제국이 주도해 나갔다.28

단성론 논쟁은 서방이 아닌 동방 교회들을 격동 속으로 몰아넣었다. 교회사학자 필립 샤프(Philip Schaff)의 말처럼 단성론 역사는 그야말로 격분과 음모, 면직과 추방, 선동과 분열, 재연합으로 진

---

27 데이비스, 『초기 그리스도교 에큐메니칼 7대 공의회』, 297.
28 황명길, 『기독교 7대 공의회의 역사와 신학』, 225.

행된 역사였다. 그럼에도 이 논쟁을 종결지은 제2차 콘스탄티노플 공의회는 다시 재기된 이단들을 척결하고, 확고한 신앙 유산을 확정함에 결정적인 공헌을 한 역사적인 공의회였다.[29]

황제 유스티니아누스는 유스티니아누스 법전을 성문화하였고, 솔로몬 이후 최고의 성전이라 불리는 하기야 소피아(Hagia Sophia) 성당을 건축하였고, 예술과 문학의 발전을 가져왔다. 유스티니아누스 황제는 553년 5월 5일, 공의회를 하기야 소피아 교회당 옆에 있는 총대주교의 성전에서 151~168명의 주교가 참석한 공의회로 개회했다.

제2차 콘스탄티노플 공의회에 참석한 주교들은 황제와 백성들에게 누가 될 수 있다고 의견을 모으고 공의회의 이름으로 공동의 신앙고백서를 발표하였다. 그들은 318명의 주교가 모여 채택한 '니케아 신조'(325)를 공식 수용했으며, 150명의 주교가 다시 모인 공의회에서 '니케아 신조'를 공식적으로 해명한 '콘스탄티노플 신조'(381)를 자신들의 신앙고백으로 삼기로 결의했다. 이어 에베소 공의회(431)에 참석한 2백 명의 주교가 이 신조와 신앙고백에 동의했으며 칼케돈 공의회에 모인 630명의 주교도 동일하게 수용과 동의를 표했음을 확인했다.[30]

제2차 콘스탄티노플 공의회는 예수가 단성을 가진 분이냐 양성을 가진 분이냐에 대해 예수는 양성(신성과 인성)을 가진 분이라

---

29 황명길, 『같은 책』, 225.
30 데이비스, 『초기 그리스도교 에큐메니칼 7대 공의회』, 352-356.

고 다시 확증했다. 553년 제2차 콘스탄티노플 공의회에서는 '단성론'(Monophysies), 680년 제3차 콘스탄티노플 공의회에서는 '단일의지론'(Monothehitism)의 견해가 각각 정죄함으로 그리스도론 논쟁은 끝이 났다.

칼케돈의 정의(Chacedonian Definition)는 콘스탄티노플에서 개최된 두 개의 공의회에 의해 보충되었다. 제5차 에큐메니칼 공의회(553)는 알렉산드리아 관점으로 칼케돈을 재해석한 것이다. 즉 칼케돈이 사용했던 것보다 건설적인 용어로 어떻게 그리스도의 본성이 하나의 단일한 위격을 형성하도록 연합되었는가를 설명하고자 했다. 제6차 에큐메니칼 공의회(680~681)는 그리스도가 두 본성을 가졌음에도 불구하고 그는 하나의 단일한 위격이기 때문에 단지 하나의 의지를 가졌다고 주장하는 단의론파를 이단으로 정죄하였다. 공의회는 만약 그리스도가 두 본성을 가졌다면, 그는 또한 두 의지(意志)를 가져야 한다고 대답했다. 인간의 의지가 없는 인간적 본성은 불완전하다고 단순한 추상이 될 수 있기에 단성론파는 그리스도의 인성의 충만함을 훼손한다고 느껴졌다. 그리스도는 참 하나님일 뿐 아니라 참 인간이다. 그는 신적 의지뿐만 아니라 인간적 의지를 가져야만 한다.[31]

---

31 디모데 웨어, 『동방정교회의 역사와 신학』, 41.

6. 제3차 콘스탄티노플 공의회(680~681): "하나의 의지냐, 두 개의 의지냐"

헬라클리우스 황제가 어렵게 다져놓은 제국의 안정은 전혀 다른 외적 요인에 의해서 산산조각이 나기 시작했다. 페르시아에 대항하여 새롭게 전열을 구축하던 622년에 불분명한 신분의 한 종교개혁자가 등장했다. 그는 무함마드(Mohammed)였고, 메카에서 도피하여 아라비아 심장인 메디나(Medina)로 왔다. 무슬림들은 이 여행을 헤지라(Hegira)라고 하여 이슬람의 원년으로 삼는다. 그는 죽기까지(632) 아랍인에게 꾸란에 기록된 새로운 신앙, 곧 전능한 신인 알라를 신앙의 기반으로 삼아 기도와 금식과 자선과 성지순례의 종교적 의무를 수행하는 신앙의 유산을 물려주었다.[32]

무함마드는 15년 동안 그의 아랍 추종자들로 시리아, 팔레스타인, 이집트를 유린하였다. 50년 이내에는 그들은 콘스탄티노플의 벽을 에워싸고 그 도시를 거의 점령하였다. 1백 년 이내에 그들은 북아프리카를 삼키고, 스페인을 통하여 전진하였으며, 푸아티에(Poitiers) 전투에서 서유럽이 자신의 생명을 위해 싸우게 하였다. 아랍의 침입은 "원심력적 팽창이라" 불리며 식량, 약탈 그리고 정복을 요구하면서 모든 방향으로 움직였다. 옛 황제들은 그들에

---

32 데이비스, 『초기 그리스도교 에큐메니칼 7대 공의회』, 393-394.

게 저항할 상태에 있지 않았다.[33]

그리스도교 세계는 살아남았으나 어려움에 직면하게 되었다. 비잔틴인들은 그들의 동쪽 지역의 소유권을 잃었고, 알렉산드리아, 안티오키아 그리고 예루살렘, 세 개의 대관구는 이교도의 지배 아래 놓이게 된다. 이후로 비잔티움은 이슬람의 공격으로부터 오랫동안 자유롭지 못했고, 8세기 이상 지탱하였으나 1453년에 함락되었다.

680년 11월 7일에 황궁 안에 돔 모양의 회의실에서 43명의 주교가 참석하에 제3차 콘스탄티노플 공의회가 개회되었다. 콘스탄티누스 4세는 의장으로서 회의를 주재하였으며 11차까지 사회도 직접 보았다. 이 공의회에서는 681년 9월 16일까지 정회를 거듭하며 총 18번의 회의가 진행되었다. 공의회는 '칼케돈 신조'를 재확인하였다.[34]

공의회는 선언의 본질로 들어가서 그리스도가 지닌 "두 의지와 두 자연적 활동이 혼동 없이, 변화 없이, 분할 없이, 분리 없이 존재한다"고 선언했다. 또한 두 의지는 "서로 반대되지 않으며 오히려 인간의 의지가 뒤따라가는 데 저항하거나 마지못해서가 아니라 자발적으로 전능하신 신적 의지에 순종하는 방식으로 따른다. … 그리스도의 육신이 부르심을 받아 하나님, 곧 말씀의 의지

---

33 웨어, 『동방정교회의 역사와 신학』, 41; 도널드 데이비스, 『초기 그리스도교 에큐메니칼 7대 공의회』, 394-396.
34 데이비스, 『초기 그리스도교 에큐메니칼 7대 공의회』, 409-413.

가 되는 것"이라고 했다. 덧붙여 "그의 거룩하시고 죄가 없으신 생동하는 육신은 이미 신성으로 승화됨을 받았고 그 상태를 지속하며 존재하기 때문에 파멸되지 않듯이, 그의 인간적 의지도 신성으로 승화됨을 받아 멸하지 않고 보존되는 것"이라고 주장했다.[35]

주교들은 다음과 같이 결론을 내렸다. "따라서 우리는 두 의지와 두 활동이 그분 안에서 인류의 구원을 위하여 가장 적절한 모습으로 동시에 실현되었음을 고백합니다." 공의회의 결의사항은 황제의 칙령에 담겨야 하기야 소피아성당의 본관에 부착되었고, 681년 12월 23일 자로 로마제국의 모든 주교에게 공시되었다. 로마제국의 교회에 평안이 찾아왔고, 그리스도론 논쟁도 종결되었다.[36]

7. 제2차 니케아 공의회(787): "우상이냐 성화상이냐"

726년에 레오 3세는 비잔틴 제국 세계의 성화상을 몽땅 뒤엎는 투쟁을 개시했다. 그 결과 로마제국에 소위 '성화상 파괴 논쟁'(Iconoclast Controversy)이 1백 년간 휘몰아쳤다. 그리스도인들이 성화상에 반대한 것은 결코 처음이 아니었다. 키칭거(E. Kitzinger)는 이 현상이 레오 3세의 공권력 행사에 대해 "사람들이 폭발한 것일 뿐, 갈등은 계속 있었다"라고 평가했다.[37]

---

35 데이비스, 『초기 그리스도교 에큐메니칼 7대 공의회』, 413-414.
36 데이비스, 『초기 그리스도교 에큐메니칼 7대 공의회』, 415-420.

서방에서는 성화상은 글자를 모르는 자들에게 신앙의 진수를 알게 해주는 중요한 수단이었다. "…우리가 성화상 앞에 머리 숙이는 것은 그것이 하나님이어서가 아니라 그리스도의 출생과 면류관을 그린 그림을 통해 기억 속에 등장하시는 그분을 예배하려는 것이다"라고, 한 은둔 수도사의 질문에 교황 그레고리우스오 1세가 대답한 것이다.

동방에서는 불안정한 시대적 상황의 영향도 있었겠지만, 일상적 삶에서 성화상을 통해 불안을 극복할 수 있는 영적인 힘을 느끼고 싶었던 것 같다. 성화상이 교회에서 가정으로 옮겨지고, 그리스도나 성인들을 묘사한 성화상이 교회의 공식 영역에서 개인의 경건 생활을 북돋워 주는 상징적 성물로 바뀌었다.

시대 분위기를 역행하여 726년에 레오 3세는 성화상 숭배 제의에 대한 대대적인 반대 캠페인을 벌였다. 성화상 파괴의 원조는 레오 황제 자신이었다. 황제의 성화상 파괴 정책이 교황 그레고리우스오 2세에게 전해지자 그는 놀라고 분노하여 레오 3세에게 이렇게 전했다. "거룩한 교회의 교리는 황제의 관심사가 아니라 교회 수장의 것입니다. 수장은 올바른 가르침을 베푸는 사람입니다. 교회를 관할하는 교회 수장은 국가의 일에 간섭하지 않습니다. 마찬가지로 황제도 교회 일에 간섭하지 말아야 합니다."[38]

이같이 로마 교황과 콘스탄티노플 황제 사이에 갈등이 심화하

---

37 데이비스, 『초기 그리스도교 에큐메니칼 7대 공의회』, 427.

38 데이비스, 『초기 그리스도교 에큐메니칼 7대 공의회』, 435.

고 있음을 알 수 있다. 성화상 파괴를 가장 강력하게 반대한 사람은 다마스쿠스의 요한(Joannes of Damascus, 675~749) 주교였다. 726~730년에 요한은 성화상 존중을 변호하는 중요한 책을 3권이나 썼다. "…성화상은 신앙의 진실을 일깨워주고, 그리스도인들이 승리의 삶을 살도록 이끌어 주며, 새로운 삶의 활력소를 제공해주는 역할을 한다. 더구나 성화상은 은혜를 전달하는 통로이다. 성화상을 숭배하는 사람은 그 숭배 대상을 기념하므로 그가 받은 성화의 능력을 전해 받기도 한다"고 했다.[39]

787년 335명의 주교가 참석한 가운데 개회된 공의회는 성화상 문제로 인한 117년에 이르는 오랜 갈등의 종지부를 찍게 되었다. 사순절 첫 주일은 정교회 축일(Feast of Orthodoxy)로 선포되었고, 이 축제는 지금까지 동방정교회에서 지켜오고 있다.

이콘에 대한 동경은 제7차 공의회에서(787) 정식화된 그리스도교 신앙의 한 교리이다. 교회의 근본 교리인 '인간이 되신 하나님'이라는 신앙고백으로부터 흘러나온다. 성화상에 대한 최종적 승리는 '동방정교회의 승리'로 알려졌다.[40]

성화상은 단순한 그림이 아니고, 아름다운 예술을 통해서 피조물을 구원하는 영적 능력의 생동감 있는 표현이다. 성화상의 예술적인 완벽성은 천상 영광의 영상인 것만은 아니다. 그것은 본래의 조화(調和)와 아름다움(美)으로 환원된 실물의 구체적 예이

---

39 데이비스, 『초기 그리스도교 에큐메니칼 7대 공의회』, 436-437.
40 레오니드 우스펜스키, 『정교회의 이콘 신학』 (정교회출판사, 2015), 8-12.

며 성령의 그릇으로 봉사하는 것이다. 성화상은 우주조화(宇宙造化)의 한 부분이다. 성화상은 승리의 노래요, 계시이며, 악령의 치욕과 성인들의 승리에 대한 영원한 기념비이다.[41]

V. 에큐메니칼 7개 공의회의 역사적 의미

7개 공의회는 동방정교회에서 대단히 중요하다. 그들에게 7개 공의회는 역사적일 뿐만 아니라 현대적이다. 동방정교회는 공의회의 기간들 속에서 위대한 신학의 시대를 보았고, 모든 세대 속에서 일어나는 새로운 문제들에 대한 해결책을 구함에 있어서 공의회들은 성서(聖書) 다음의 기준과 안내서로 삼고 있다.[42]

7개 공의회는 325년부터 787년까지 무려 462년 동안 진행된 동방과 서방의 연합 공의회였다. 공의회의 최대 목적은 당대 그리스도인들에게 적절하고 합당한 성서적 교리를 제공하는 것이었다. 공의회는 교회 안에서 발생된 신학적이며 실질적인 문제를 해결하기 위해 주로 황제들의 소집으로 모인 주교들과 교회 지도자들의 모임이다. 공의회는 그리스도교 역사뿐만 아니라 오늘날 그리스도인들의 정체성 이해에도 중요하다.

7개 공의회의 주된 관심은 삼위 하나님의 세 위격과 예수의

---

41 강태용, 『동방정교회 -역사와 신학』 (홍익재, 2010), 51-52.
42 웨어, 『동방정교회의 역사와 신학』, 47-48.

신성과 인성에 관한 문제였다. 따라서 "예수가 참 하나님이며 참 사람이다"라고 선언한 451년 칼케돈 공의회는 그리스도교 역사에서 하나의 전환점이었다. 사실 '칼케돈 정의'(定義, Chalcedonian Definition)는 오늘의 모든 동방정교회뿐만 아니라, 로마 가톨릭과 16세기 종교개혁 시기에 발생 된 교회들의 공식적인 가르침이 되었다.

오늘날 동방정교회는 7개 공의회만 인정하는 교회이다. 이런 의미에서 동방정교회는 '7개 공의회 교회'로 불렀다. 물론 몇몇 동방 교회들은 칼케돈 공의회를 인정하지 않고, 초기의 4개의 공의회만 인정하는 교회도 있다. 로마 가톨릭은 7개의 공의회뿐만 아니라 제2차 바티칸 공의회를 포함한 14개의 공의회까지 모두 21개 공의회를 인정하였다. 그러나 성공회와 칼뱅 중심의 개혁교회는 초기 4개 공의회만 인정하였다.

장공 김재준 목사는 민족 수난(6·25전쟁)과 한국 장로교 분열의 시기에 즈음하여 공의회의 역사에서 교훈으로 삼을 게 있다고 다음과 같이 진술한 바가 있다. "하나님은 공의로우심과 동시에 인자하시고 오래 참으신다. … 그리스도교 역사는 이 점에서 무수한 과오를 범했다. 아타나시우스와 아리우스가 서로 상이점(相異点)을 인정하면서도 '심판'은 주님께 맡기고 오직 '사랑'으로 서로 용납하여 보충해 갔더라면, 얼마 지나는 동안에는 주님께서 둘 다 바로 깨닫게 하여 교회는 그 후의 끊임없는 살육을 면했을 것이다. 그 후에도 가령 네스토리우스엔(景敎)를 추방하지 않고 교회 이상

(以上)의 사랑으로 용납하였다면, 그 수많은 종교인이 유랑하다가 민멸(泯滅)의 비운에 빠지는 일은 면케 하였을 것이다."43

---

43 김재준, "종교재판의 성서적 근거", 「십자군」 속간 제10호 (1952.11.), 1-7.

참고문헌

강태용.『동방정교회 -역사와 신학』. 홍익재, 2010.

김동건.『그리스도론의 역사』. 대한기독교서회, 2018.

김동주.『기독교로 보는 세계 역사』. 킹덤북스, 2012.

데이비스, 레오 도널드/이기영 역.『초기 그리스도교 에큐메니칼 7대 공의회 –
　　그 역사와 신학』. 대한기독교서회, 2018.

맥구킨, 존 안토니/이기영 역.『비잔틴 전통의 聖人』. 동연, 2018.

메이엔도르프, 존.『비잔틴 신학 – 역사적 변천과 주요 교리』. 정교회출판사.
　　2018.

서요한.『중세교회사』(*A History of the Medieval Church*). 그리심, 2010.

셸리, 부르스.『현대인을 위한 교회사』. 크리스찬다이제스트, 2005.

오스르로고르스키, 게오르크/한정숙·김경연 역.『비잔티움 제국사 325-1453』.
　　까치글방, 2014.

올슨, 로저 E./김주한·김학도 역.『이야기로 읽는 기독교신학』. 대한기독교서
　　회, 2016.

우스팬스키, 레오니드.『정교회의 이콘신학』. 정교회출판사, 2015.

웨어, 디모데/이형기 역.『동방정교회의 역사와 신학』. 한국장로교출판사,
　　2008.

정수영.『중세교회사 II』. 쿨란출판사, 2017.

황명길.『기독교 7대 공의회의 역사와 신학』. 고려신학교 출판부, 2014.

동방정교회 역사와 영성*

I. 서론

그리스도교 역사에서 동방과 서방은 라틴어 권역에 속한 서방과 헬라어 권역에 속한 동방으로 구분된다. 이러한 언어상의 차이점은 학문적, 신앙적 발전에 있어서 상당한 차이를 보이면서 1054년에 여러 이유로 교회가 동방과 서방으로 분리되기까지 독자적 발전을 이루게 했다.

동방정교회는 지중해 동쪽 지역에 세워진 초대 그리스도인 공동체에 기원을 두고 있다. 이들 지역에서 그리스도교는 콘스탄티누스에 의해 로마에서 콘스탄티노플로 왕국의 수도가 이전(330)함으로 형성되었다. 이 지역에서 그리스도교 역사의 초기 8세기

---

* 이 글은 2018년 3월 22일 한국기독교장로회 전남노회 목회자 성서학당과 2019년 4월 25~26일 강화도 심도학사에서 각 3회에 걸쳐 발표한 것이다.

동안 그리스도교의 지적이고, 문화적이고, 사회적인 발전이 이뤄졌다. 그 시대에 에큐메니칼 공의회들은 콘스탄티노플 혹은 그 인근에서 개최되었다. 이후 콘스탄티노플의 선교사들은 슬라브 민족과 동유럽의 다른 민족들을 그리스도교로 개종시켰고, 성서와 예배문서들은 각기 다른 지역의 언어들로 번역되었다. 콘스탄티노플의 예전, 전승 그리고 관습이 모든 지역에서 수용되었고, 현대 정교회의 기본적 경향들과 정신들이 형성되었다.

본 논고는 '비잔틴 전통의 역사와 영성'에 대한 고찰이다.

II. 정교회의 역사

그리스도교회 공의회의 역사와 그리고 영성과 실천이 어떻게 전개되었는가를 살펴보는 것은 동방정교회의 세계를 이해하는 데 유익할 것이다. 동방정교회는 전 세계에 3억 명의 신자가 있다. 지리적으로는 주로 지중해 북동쪽 연안 지역, 동유럽, 북유럽, 중동지역에 집중되어 있다. 분명히 동방에 기원을 두었지만, 정교회는 "하나의 거룩하고, 보편되고, 사도적인 교회이며" 오늘날에는 아메리카, 호주, 서유럽, 일본과 아시아에 이르기까지 전 세계에 존재한다. 그리고 정교회는 로마 가톨릭이나 프로테스탄티즘과 관련 혹은 대비해서가 아니라, 오히려 사도들, 순교자들, 고백자들, 수도사들, 교부들과 성인들의 초대교회와 분리될 수 없는 연

속성, 영적인 계승성으로 자신을 규정한다.[1]

"정통의"(orthodox, 정교의)라는 용어는 규범적인(canonical) 교리와 신앙을 비정통 혹은 이단의 일탈과 구별하여 정립하기 위해, 4세기 초 그리스도교에 의해, 다시 말해 이 초기 교회의 위대한 교부들과 신학자들에 의해 채택되었다. 오늘날 이 용어는 동방 그리스도교회 그리고 이 교회와의 친교 안에 있는 모든 이들의 공식적인 명칭이 되었다.

"총대주교"(partiarch)라는 칭호는 여러 정교회의 수장에게 적용된다. 그것은 먼저 고대의 "5대 관구"(pentarchy)를 구성했던 로마, 콘스탄티노플, 알렉산드리아, 안티오키아, 예루살렘에 있는 교회들에 부여되었다. 정교회의 위계와 행정은 주교(bishop), 사제(presbyter 혹은 priest), 보제(deacon)라는 고대의 삼중직에 바탕을 둔다.[2]

동방정교회는 사도적 전통과의 연속성 그리고 세계 공의회들에서 결정된 신앙과 실천의 고수(固守)로 특징지어진다. 하지만 정교회는 이 역사적 전망으로만 규정되지는 않는다. 고대 신 야뉴스가 그렇듯이 정교회는 두 방향을 다 본다. 뒤로는 역사적 교회의 원천들을 향해 있고, 앞으로는 하늘 왕국을 향해 있다. 분명 정교회는 초대 교부의 가르침과 성인들의 삶으로부터 비롯되는 권위

---

1 바르톨로메오스, 『신비와의 만남 - 현대세계와 정교회 신앙』 (정교회출판사, 2018), 12-13.
2 바르톨로메오스, 『신비와의 만남』, 14.

를 통해 시대마다 시대의 정신을 분별해 왔다. 또한 정교회는 현재의 현실에 의미를 부여하기 위해 다가올 세상(하나님 나라)으로부터 영감을 길어 올린다. 이것을 정리하면 '전통'(Tradition)과 '종말론'(Eschatology)이라는 말로 요약되는 세계관이다.3

정교회는 그 본질에 있어서 과거에 뿌리를 내림과 동시에 미래를 바라보는 교회이다. 과거와의 연속성과 미래와의 친교, 즉 이 땅에서 거룩한 삶을 살았던 이들과의 연속성뿐만 아니라 '승리의 교회'에서 거룩하게 살아가는 이들과의 친교와 생동감은 정교회의 기반이다.

정교회에는 순교와 수난의 정신이 깊이 새겨져 있다. 정교회에서 초대교회를 덮쳤던 박해와 고난들은 그리스도의 교회를 성장시킨 씨앗이었다. 최근의 세기에도, 특히 소아시아와 러시아에서 정교회 역사는 정교회의 정체성을 형성하고, 그 영성을 규정케 해 준 박해와 찢김으로 점철되었다. 고난에서 비롯되는 겸손의 덕은 인내와 순결로 이어지고, 그것은 세기를 거치면서 정교회 영성의 신학을 규정하여 깊게 만들었다.4

더 나아가 '수도 운동의 아버지'로 알려진 이집트의 안토니우스와 정통 신앙을 흔들림 없이 수호한 첫 세대에 속하는 알렉산드리아의 아타나시우스, 이 둘 사이에 확립된 깊은 관계, 친밀한 우정, 상호 존중은 초기 그리스도인들뿐만 아니라, 그들의 참다운

---

3 바르톨로메오스, 『신비와의 만남』, 15-16.
4 바르톨로메오스, 『신비와의 만남』, 16-17.

계승자로서의 정교 그리스도인들이 신학적 교리와 영적인 삶을 어떻게 인식했는지 그 방식을 이해할 수 없다.[5]

III. 비잔틴 전통의 영성

1. 예배의 아름다움[美]의 영성

동방정교회 예배는 헬라적 상상력에 의해 그 형태가 이루어졌으며 수많은 상징이 사용되었다. 동방 교회에서는 서방 교회에서 부르는 '미사' 대신에 '성찬예배'라고 부른다.

동방정교회 예배는 오랜 역사적 변천 과정을 거쳐 오늘날에 이르렀다. 예전의 기본적 핵심은 그리스도와 사도 시대로부터 여러 세기를 지나는 동안 첨가되면서 9세기에 와서 최종적으로 기본적 형태가 만들어졌다. 성찬예배는 복음 중심의 삶에서 얻는 심오한 기쁨을 표현하고 느끼는 현장이다.

예배란 하나님과 인간과의 만남이다. 개인이 아닌 같은 믿음을 가진 신앙 공동체가 말과 행위로 하나님과 교제하는 것이다. 따라서 예배는 단합된 하나님의 소리로서 공동체를 영적으로 끌어올려 창조주 하나님과 교제하게 한다. 이 만남을 통해 하나님은

---

5 바르톨로메오스, 『신비와의 만남』, 17.

인간을 죄와 죽음에서 구원하시며, 우리에게 영원한 생명을 허락하고, 하나님 나라를 "지금 여기에" 현존케 한다.6

9세기경부터 러시아의 공후들은 간헐적으로 세례를 받았고, 실제로 키예프 루스 전체가 그리스도교로 개종한 것은 988년이었다. 당시 키예프 루스의 통치자였던 블라디미르(Vladimir) 공후는 987년에 러시아 땅에 종교를 전해주려는 주변국들의 사절단을 접견하였다. 처음 온 사절단은 이슬람을 믿는 자였고, 다음은 로마 가톨릭을 믿는 게르만이었고, 그다음은 유대교를 믿는 자였다. 그러나 다 받아들일 여건이 충족되지 않았다. 마지막 동방정교의 원리를 전해주자 공후는 그들의 박식함에 탄복하였다.

블라디미르는 한 종교가 자기 백성에게 적합한지를 검토하며 여러 가능성을 조사하기 위하여 사신을 파견했다. 콘스탄티노플에 도착하여, 성찬 전례에 참석한 비잔틴 황제를 만나기 위해서 하기아 소피아(Hagia Sophia) 대성당에 인도되었을 때, 만여 개의 촛불이 휘황찬란하게 밝혀진 가운데 성대하게 거행된 예배 의식을 참관하고 돌아와서는 다음과 같은 말로써 동방정교를 찬미하였다. "소신들은 소신들이 천국에 있는지 지상에 있는지 알 수가 없었나이다. 지상에는 그런 광휘와 아름다움이 있을 수가 없기에 제대로 묘사할 바를 모르겠나이다. 다만, 그곳에서는 신께서 인간들과 함께 거하신다는 것 그리고 그 사람들의 예배 의식은 다른

---

6 박찬희, 『동방정교회 이야기』 (신앙과 지성사, 2012), 137-142.

민족의 예배 의식보다 더 아름답다는 것을 말씀드릴 수 있습니다. 소신들은 그 아름다움을 잊을 수가 없나이다."[7]

현자들(사신)의 말에 감동한 블라디미르는 이듬해(988년)에 세례를 받았고, 키예프 루스의 국교는 동방정교임을 만천하에 선포하였다. 그리하여 이후 천여 년 동안 러시아인들의 정신을 지배하게 될 영성의 씨앗이 뿌려지게 되었다.[8]

러시아가 동방정교를 받아들인 것은 무엇보다 그 예배 의식의 아름다움 때문이었다. 블라디미르는 종교의 원리나 종교에 내포된 사상 혹은 교의가 아니라 감각적인 아름다움에 매료되어 자신과 국가의 종교를 결정했다. 동방정교는 로마 가톨릭에 비해 상대적으로 덜 교의적이고, 덜 체계적이라는 것이 일반적인 견해이다. 사실 동방정교는 따지고, 논하고, 분석하기보다는 관상하고, 전 존재로 체험하는 데 더 큰 비중을 두었다. 러시아인에게 하나님은 진리와 믿음의 신일 뿐 아니라 아름다움의 신이었고, 그리하여 신앙이란 곧 아름다움이라는 등식이 그들의 마음속에 각인되었다. 아름다움은 곧 진리였으며 진리는 곧 선한 것이었다. 진선미(眞善美)의 합일은 그들에게 있어서 어떤 논리적인 근거나 이론적이고, 사변적인 신학을 요구하는 것이 아니었다. 전 우주적인 조

---

7 존 안토니 맥구킨/이기영 역,『비잔틴 전통의 성인들』(동연, 2016), 193-194; 석영중,『러시아정교. 역사, 신학, 예술』(고려대학교 출판부, 2007), 16-17.
8 석영중,『러시아정교』, 18. 키예프 루스는 강력한 공국으로 성장하며 오늘날의 러시아의 모태가 되었다.

화의 이상과 자연스럽게 하나가 되어 오늘날까지 러시아의 장인과 화가와 시인들의 가슴속에서 반향하고 있다. 예술은 신의 선물이며, 인간은 아름다움을 통해 신과 교감할 수 있다는 확신은, 수세기 동안 이어져 온 러시아 문화의 전통이다.[9]

따라서 우리가 감히 진단해 볼 수 있는 것은, 예배의 아름다움, 신앙과 아름다움의 합일은 하나님을 찬미하는 중세문학 작품과 찬란한 이콘과 장엄한 성가, '미(美)가 세상을 구원하리라'는 러시아 문화와 예술 전체를 아우르며 천여 년 동안 면면히 지속되어 온 영성이라 할 수 있다.

비잔틴 예전(禮典)을 구성하는 기도들은 그 전성기에 있어서 그리스의 교부신학에서 고양된 것이다. 일반적으로 사용하는 예전은 5세기 초 콘스탄티노플의 대주교인 성 요한 크리소스토무스로부터 기인한다.[10]

후세 사람들이 크리소스토무스(Chrysostomus, 황금의 입[金口])라 부르는 안티오키아 출신과 콘스탄티노플의 대주교 요한, 고대 말엽 교회의 위대한 인물이다.

---

9 석영중, 『러시아정교』, 19.
10 루돌프 브랜들레/이종한 역, 『요한 크리소스토무스 - 고대교회 한 개혁가의 초상』(분도출판사, 2016), 7-10; 요아니스 알렉시우/요한 박용범 역, 『성 요한 크리소스토무스』(정교회출판사, 2014). 요한 크리소스토무스는 불의의 권력에 맞선 정의의 설교자였고, 평소와 유배 중에서도 가난한 자들 병든 자들의 진정한 목자였고, 그는 유배에서 순교자로 그의 유해가 담긴 관으로 콘스탄티노플에 귀환한 예수를 닮은 교부였다.

그와 그가 남긴 저술들은 주일마다 수천 개의 정교 성당에서 거행되는 그의 이름을 딴 전례(典禮)를 통해 오늘날에도 우리 가운데 살아 있다. 크리소스토무스에 대해서는 결론부에서 자세히 언급해 보겠다.

2. 수도사들의 영성

수도운동은 박해 시기에 사막으로 피신했던 이들도 있었지만, 313년에 콘스탄티누스가 밀라노 칙령을 통해 그리스도교 신앙을 허용한 시점에서 시작되었다. 4세기 초부터 이집트는 엄격한 수도운동의 중심지였다. 수도사들은 청빈과 고행으로 피의 순교가 더이상 존재하지 않는 시대의 순교자들이었다.

수도운동은 영어로 'monasticism'인데 이 단어는 헬라어 '모나코스'(monachos)에서 유래하였다. 모나코스는 홀로 기거하는 것을 의미하는데, 수도운동은 엄격한 절제의 삶을 열망하고 기도 생활과 하나님을 관상하며(contemplation), 또한 예배하는 삶에 전적으로 자신을 헌신하기 원하는 자들로 시작하였다. 수도운동의 가장 기본적인 요소는 세상과의 단절 그리고 자기 욕망을 제어하며 수덕(修德)의 삶을 사는 것(asceticism)이었다.[11]

수도사들은 사막, 광야로 은둔함으로써 교회 생활에 예언자적

---

11 박찬희, 『동방정교회 이야기』, 170. 'asceticism'은 금욕주의보다 수덕주의라는 의미에 더 가깝다.

이며 종말론적인 성직의 의무를 다하였다. 그들 은수자는 황량한 광야의 숲속 오두막집이나 동굴, 심지어 무덤 속에서, 나뭇가지 사이에서, 바위 꼭대기에서 고독한 생활을 영위하는 사람들이었다. 은수 생활의 큰 모델은 수도운동의 창시자, 이집트의 안토니우스(251~356)이다.

일반적으로 동방정교회 수도원은 서방 교회 수도원보다 덜 활동적이라는 말을 듣는다. 동방정교회 수도사의 첫째 사명은 기도 생활이다. 다른 이들에게 봉사하는 것도 기도를 통해서이다. 문제가 되는 것은 수도사가 무엇을 하느냐보다도 오히려 수도사란 누구인가라는 질문에 올바른 대답을 하는 것이다.[12]

〈안토니우스의 전기(傳記)〉의 저자 아타나시우스는 안토니우스가 이집트 전역의 의사(醫師)가 되었다고 썼다. 안토니우스는 생의 초기 18세에서 55세까지는 사막에 은둔한 채 고독 속에서 살았다. 그 후 그는 견고한 울타리 안의 생활을 단념하고 방문객을 맞이하였다. 한 무리의 제자들이 그의 주위에 모였고 때로는 아주 먼 데서부터 조언을 받으러 오는 사람들의 모임이 더 크게 생겼다.

수도사들의 외적 과정(課程)의 형태는 거의 같다. 즉 수도사는 우선 수도원에 들어가기 위한 은둔(隱遁)으로 은수(隱修)한다. 그리고 침묵 속에서 하나님과 그 자신에 대하여 진실을 배워야 한다. 고독 속에서 긴 수련을 한 후에 스타렛츠(장상)로서 요구되는 통찰

---

12 강태용,『동방정교회』 (홍익재, 2010), 54-55.

력의 은사를 얻고서야 자기 독수방(獨修房)의 문을 열 수 있고, 그가 은수했던 세계로부터 승인을 받게 되는 것이다.[13]

　10세기 이후 정교회 수도원의 주된 중심지는 아토스(Athos)인데, 산 정상이 2,033미터(6,670피트)나 되는 가파르고 돌과 바위가 많은 북그리스의 반도이다. 거룩한 산(聖山, Holy Mountain)으로 알려진 아토스는 은수자 조직뿐 아니라 수십 개의 제도적 수도원과 작은 수도원들을 포함하고 있다. 아토스 반도는 완전히 수도원촌(村, town)으로 되었으며 수도원이 팽창해 나가던 시대에는 거의 4만 명의 수도사가 거주한 것으로 전해진다. 20명의 지도급 수도사들 가운데 최고 연장자인 대라브라(Great Lavra)는 혼자서 26명의 총대주교와 144명 이상의 감독을 배출하였다. 이것은 동방정교회의 역사에 있어서 아토스(Athos)의 중요성에 대한 의미를 부여한다.[14]

　그 시대의 영적 아버지들은 믿음이 강했으며 매우 소박하였다. 대다수의 영적 아버지들이 많이 배우지는 못했지만, 그 대신 자신을 낮추면서 영적인 투쟁을 하였기 때문에 계속해서 하나님의 은총을 받았다. 이에 비해 우리가 사는 시대는 어떠한가? 학문

---

13 강태용, 『동방정교회』, 56. 스타렛츠는 성령 충만한 영적 지도자, 통찰력과 지혜를 갖춘 지도자, 영적 안내자이다. 레이문트 콧체·베른트 묄러 편/이신건 역, 『고대교회와 동방 교회』(한국신학연구소, 1995), "안토니우스와 은둔수도원 운동", 193-301.

14 강태용, 『동방정교회』, 56. 디모데 웨어/이형기 역, 『동방정교회의 역사와 신학』(한국장로교출판사, 2008), 53.

적으로는 수준이 높아졌음에도 불구하고 논리를 내세워 지금까지 쌓아온 믿음을 뒤흔들어 놓았으며, 마음속에 질문과 의문만이 가득하게 만들었다. 그 결과는 참으로 뻔하다. 하나님의 기적을 보기 힘든 세상을 만든 것이다. 어째서 그런가? 기적이란 자연스럽게 일어나는 것일 뿐 인간의 논리로는 설명이 불가능한 것이기 때문이다.[15]

3. 예수기도와 헤시카즘: 쉼 없는 기도와 침묵의 영성

주 예수 그리스도 하나님의 아들이시여 죄인인 나를 불쌍히 여기소 서(Lord Jesus Christ, Son of God, have mercy on me, a Sinner).

정교회의 기도 중에 '예수기도'라는 기도 형태가 있다. 이 기도의 성서적 배경은 다음의 말씀과 성구에서 그 근거를 제공하고 있다. "기도할 때에 중언부언하지 말라"(마 6:7). "예수의 이름에 무릎을 꿇게 하셨다"(빌 2:9-10). 한센병 환자 10명이 부르짖은 "우리를 불쌍히 여기소서"(눅 17:13)와 세리의 기도, "불쌍히 여기소서. 죄인이로소이다"(눅 18:13) 또 여리고 시각장애인이 "다윗의 자손 예수여 나를 불쌍히 여기소서"(눅 18:38) 등이다.

정교회 전통에서 '예수기도'는 세 단계의 진행 과정을 가진다.

---

15 파이시오스 수도사, 『아토스 성산의 수도사들』(정교회출판사, 2011), 17-18.

첫째, 입술의 기도로서 외적 자아가 육체의 기도를 통해 하나님의 은총을 구하는 단계이다. 둘째, 마음이 무정념(Apatheia)의 상태에서 평정심을 가지고 드리는 내면적 단계이다. 셋째, 성령의 도우심 안에서 심장으로 드리는 육과 영의 연합된 기도 단계이다. 이런 단계는 기도자의 진보와 더불어 기도 자체의 성장을 지향하는 것으로서, 마음의 상념을 제거하고 간절한 기도의 반복을 통해 기도의 깊은 단계인 무정념(Apatheia)의 단계에서 자비의 하나님을 만나는 경험을 가져온다.

정교회는 이러한 하나님 경험을 '신화'(神化, Theosis)라고 정의한다. 그리스도의 성육신은 인간으로 하여금 하나님의 성품에 참여하게 한다. 이러한 신화의 단계에서 기도자는 호흡마다 하나님 성품의 담지자인 예수와 하나 됨을 경험한다. '예수기도'에서 가장 중요한 요소는 절대적 침묵이다. 이 침묵 기도를 가리켜 '헤시카즘'(Hesychasm)이라고 하는데, 기도자 즉 헤시키스트는 기도 속에서 자기를 말하는 것이 아니라, 내면에서 들려오는 하나님의 음성 듣기를 지향한다.[16]

헤시카즘은 정교회 수도사들이 하나님과 합일에 이르기 위한 수단으로서 헤시키아(Hesychia)의 상태를 추구하는 수도 방법이

---

16 맥구킨, 『비잔틴 전통의 성인들』, 제7장 '헤시카즘의 빛나는 침묵' 참조. 초기 비잔틴 문학에서 hesychia는 은둔의 삶을 추구하는 수도사의 신분과 동의어로 인식되었다. '헤시키아'는 '예수기도'라는 짧은 기도의 규칙적이고 느린 반복을 통해서 영적인 감각을 조용하게 해야 한다고 가르쳤다.

다. 헬라어 '헤시키아'(ἡσυχία)는 고요함, 평정심, 침묵 등의 뜻이 있다. 수도사들은 관상 수도에서 고요와 평정심을 통해 인간적 격정(pathos)을 물리치고, 무정념의 상태(apatheia)에 이르고자 헤시키아의 상태를 추구한다. 헤시카즘은 13세기 중엽에 정교회 영성의 샘이라 일컬어지는 아토스 성산의 수도사 니케포로스(Nikephoros)가 기도법으로 추구한 이래 정교회 수도사들의 중요한 기도법이 되었다.[17]

'예수기도'에서 수도 정신이란 무엇을 뜻하는가? 이에로테오스(대주교)는 다음과 같이 쓰고 있다. "그것은 순종, 겸손, 자기 멸시, 기도를 향한 끝없는 갈망이다. 영적 아버지에 대한 순종은 모든 이들을 향한 겸손이며, 가장 위대한 활동은 겸손과 거룩함을 얻는 것이다. 그럴 때 우리는 정말 부유해진다. 겸손과 거룩함이 없다면, 아무리 훌륭한 공동체 사업도 금방 흔적도 없이 무너지지만, 거룩함과 겸손이 함께 한다면 아무리 작은 일이라도 놀라운 차원의 열매를 맺는다."[18] 하나님께 순종, 모든 이에게 겸손, 거룩함을 얻는 것의 중요성을 강조하고 있다.

수도 정신은 무엇을 하든지 칭찬받는 일과 칭찬을 잃는 일을 항상 명심해야 한다. 따라서 어디에 있든지, 길을 가든지, 운전하든지 "주 예수 그리스도여, 나를 불쌍히 여기소서" 하고 예수기도

---

17 맥구킨, 『비잔틴 전통의 성인들』, 제7장 참조; 박찬희, 『동방정교회 이야기』, 158-161.

18 이에로테오스, 『예수기도』 (정교회출판사, 2013), 210.

를 드려야 한다. 신자들은 "키리에 엘레이손"(주여 불쌍히 여기소서)
라고 기도하며 응답한다.

아토스 성산의 거치른 장소에서 한밤중에 정수(靜修)하던 한
은둔 수도사의 기도 영성에 대한 체험담이 전해진다. "수도사는
나가서 바위 위에 걸터앉았다. 멀리 바다에서 물결 소리가 들려왔
다. 영원의 온화함이 격해진 내 영혼을 어루만져 주었다. 거대한
고요, 나는 사람이 되신 하나님께서 이 광야를 꽉 채우고 계심을
분명히 느낄 수 있었다."[19]

아토스 성산의 수도원 원장과 수도사는 대화 내내 율법적 훈계
가 아니라 진정한 신비학적 가르침을 주고받았다. 수도사는 옛날
가르멜산에서 엘리야가 그러했던 것처럼, 머리를 숙여 무릎 사이
에 두었다. 그리고 예수기도를 시작하기 앞서 마음을 훈훈하게
하기 시작했다. 밤 시간은 수도사들에게 아주 역동적이고 생명이
넘치는 때이다. 왜냐하면 바로 이때가 '끊임없는 기도를 수행하는
시간이고, 또 예수를 마음속 깊이 묵상하고 공부하는 시간'이기도
하기 때문이다.[20]

'예수기도'는 더 높고 깊은 경지로 안내한다. 자정이 훨씬 지났
을 것이다. 밤 꾀꼬리가 일어나 노래하고, '통회의 샘'들은 목마른
대지를 흘러 적시고, '거룩한 산의 등대'들은 빛을 비추고, '향내
나는 그윽한 백합'들은 온 땅을 그 향기로 채우고, 암자들마다 기

---

19 이에로테오스, 『예수기도』, 225.
20 이에로테오스, 『예수기도』, 226.

도 소리가 울리고 참회와 빛 비추임의 눈물로 넘쳐난다. … 수도 사들은 그리스도를 찬양하고 하나님의 은총과 넘치는 자비를 빌기 위해 일어난다.[21]

이상의 기도와 명상은 아토스 거룩한 산에서 들려오는 이야기이다. 예수기도는 언제라도, 다른 사람들과 같이, 또는 혼자서도, 공동기도로도, 개인 기도로도 할 수 있다. 예수기도는 모든 세대를 위한, 어떤 장소이든, 매 순간을 위한, 사막이든, 도시이든, 초보자이든, 경험자이든, 시간과 장소에 구애받지 않는다.

만약 당신이 신학자라면 당신은 참으로 기도하고, 만약 당신이 기도한다면 당신은 참된 신학자이다.[22]

4. 하나님의 가객(歌客)들: 비잔티움의 시적(詩的) 전통

복음의 선포 이후 모든 기독교 신학의 최초 매개 수단은 시(詩)와 찬송가였다. 동방 교회에서 신학적 전통의 이러한 양상은 초기 시대부터 중요했기 때문에 찬송가 신학은 신약성서의 그리스도론적인 고백의 주요하고 근본적인 표준이 되었다. '복음서'와 '서간문'의 찬송가 목록은 중요한 것이다. 그것들은 '마그니피카트 또는 성모 마리아 찬가'(눅 1:46 이하), '베데딕투스'(눅 2:29-32), '로고

---

21 이에로테오스, 『예수기도』, 230.
22 이에로테오스, 『예수기도』, 204.

스 찬송가'(요 1:1-18), '케노시스 찬송가'(빌 2:5-11), '우주적 그리스
도에게 바치는 찬송가'(골 1:15-20), '크레달(Credal) 찬송가'(딤전
3:16), '어린양의 결혼 노래'(계 19:1 이하)이다. 찬송가와 더불어 찬
송가 신학이 초기 동방 교회의 전례 생활에 고도로 형성되었다.
비잔틴 전통의 위대한 네 시인, 즉 나지안조스의 그레고리우스,
작곡가 로마노스, 수녀 카시아, 다마스쿠스의 요한 등이 대표자들
이다.23

나지안조스의 그레고리우스(330~391)는 시리아 안디옥의 동
북부, 오늘날의 터키 동부지역의 카파도키아와 갈라디아로 알려
진 기독교 유적지의 주교의 아들이었다. 그 지역은 사도 바울에게
로 거슬러 올라가는 기독교 역사를 가졌다. 그레고리우스는 성
대(大)바실과 닛사의 성 그레고리우스의 일행 중에서 '카파도키아
의 교부들'의 하나로 알려졌다. 그는 니케아 신앙을 따르는 신학
자요, 고전적인 삼위일체 교리인 상호 동등한 세 인격의 주요한
건설자였다. 그는 381년 콘스탄티노플의 대주교 자격으로 에큐
메니칼 공의회를 주재했고, 그 후 카파도키아에 있는 그의 사유지
로 은퇴하여 은둔하며 살았다. 그의 생애에서 따뜻한 봄날에 그는
무수한 시와 찬송을 만들었다. 찬송가 형식을 가지고 신도들의 교
육용으로 그리스도론과 삼위일체 교리의 복잡성을 단순화하는 데
노력했다. 그는 '신학자 성 그레고리우스'의 칭호를 받았다.24

---

23 맥구킨, 『비잔틴 전통의 성인들』, 111-112.
24 맥구킨, 『비잔틴 전통의 성인들』, 115-117.

1) 가수, 성 로마노스

비잔틴 서정 시인 중에서 가장 위대한 로마노스는 540년경 콘스탄티노플의 대성당에서 부제로 활약했다. 하기아 소피아의 음악감독과 작곡가가 되었다. 6세기 말, 그는 시리아인으로 베이루트 최초로 부제가 되었고, 그 후 콘스탄티노플로 이주했다. 그리고 515년경 수도 북부의 키로스의 한적한 곳에 있는 '하나님의 모후 수도원'에 정착했다. 555년 그가 선종할 무렵, 그는 동방 교회의 가장 위대한 찬송가 연구가의 한 사람으로서 국제적 명성을 얻었다. 하나님의 탄생을 부여하는 사람(Theotokos)으로서 마리아는 모든 이방인의 선택됨의 산파이다.

그의 〈성탄 찬송〉을 소개한다.

오늘 동정녀가 모든 존재를 능가하신 분을 낳으신다.

땅은 가까이할 수 없는 분에게 동굴을 바친다.

천사들은 영광을 바치며 목자가 함께하는데 그것은 우리를 위해 거기에 태어나시기 때문이다.

세상 이전에 하나님이신 조그마한 아이가 베들레헴이 에덴의 문을 열었다. 와서 보라 기쁨이 보였다가 은밀하게 멀리 감춰졌다. 와서 낙원의 선물을 받아라. 동굴 안으로부터 거기에 결코 물을 주지 않는 뿌리가 돋아난 채로 있다(사 11:1). 용서 속에서 꽃이 핀 것, 거기에서 파지지 않은 우물이 발견되었다. 오래전에 다윗이 마시기를 열망했던 것(삼하 23:13-17), 왜냐하면 거기에서 동정녀가 아이를 낳았기 때문이다.

그리고 아담과 다윗의 목마름은 끝났다. 그러므로 탄생하신 곳 여기로 어서 오라. 세상 이전에 하나님이신 조그마한 아이, 그 어머니의 아버지였던 분이 그녀들이 되도록 선택하셨다. 모든 아이들의 구세주가 구유에 어린아이로 눕혀져 있다. … 세상 이전에 하나님이신 조그마한 아이 가장 높으신 임금님, 당신은 가난한 이들과 무엇을 함께 나눠 갖고 계십니까? 하늘의 창조주시어, 왜 당신은 이 땅에 속하는 것으로 오셨습니까?[25]

골고다 언덕 위에서 마리아의 한탄 가득한 노래는 가슴이 찢어질 듯이 강렬한 것이었다. 수난 예배에서 사용된 것처럼, 그것은 아직도 성금요일을 위해 비잔틴 성주간(聖週間)을 전례적으로 나타내는 그리스도의 매장을 위한 애도의 어조로 말한다.

<동정녀의 한탄>
그녀가 도살을 위해 끌려나가는 자신의 어린양을 보았을 때(사 53:7) 마리아가 뒤따라갔던 암 새끼 양은 지쳐버렸고 그래서 다른 여자들 무리 속에서 소리쳤다. 애야, 어딜 가느냐? 누구를 위해서 이 길을 그렇게 바삐 달려가느냐? 가나에서처럼 또 다른 결혼식이 있느냐? 다시

---

25 맥구킨, 『비잔틴 전통의 성인들』, 123-125.

한번 네가 물을 포도주로 변화시킬 수 있도록 너를 그렇게 서두르도
록 만드는 것이라도 거기 있느냐?

그 노래는 그의 어머니에게 그렇게 가슴이 찢어지도록 슬퍼하
지 말기를 조언하면서 십자가로 가는 그리스도를 묘사함으로써
발전된다. 왜냐하면 수난의 존재에게 전하는 진지함은 사람들이
거의 이해할 수 없는 열정을 그에게 제공하기 때문이다. 식초는
생활에서 의사들이 인류의 상처를 치료하기 위해서 사용하게 될
수렴제가 될 것이다. 창은 인류의 곪은 상처를 찌른다. 즉, 그리스
도의 옷은 수난의 육신을 감싸며, 십자가는 인류의 질병과 죽음의
치료를 위한 부목(副木)과 버팀목으로서 기여한다.26

2) 여류시인 카시아

수녀 카시아(805~867)는 아마도 비잔티움의 여류 찬송가 연구
가 중에서 가장 유명한 사람일 것이다. 그녀는 황후로서 세월을
보낸 후에는 종교적인 삶을 살았고, 콘스탄티노플에 수녀원을 설
립했다. 그리고 이를 위해 찬송가를 작곡하고 윤리적인 운문의
교훈을 작성했다. 그녀는 성화상 파괴자의 논쟁에서 성화상의 옹
호자로서 그리고 수도원의 개혁가로서 아주 높은 차원에서 활동

---

26 맥구킨, 『비잔틴 전통의 성인들』, 126-127.

하였다.27

　그녀의 가장 유명한 작품은 '매춘부에게'라는 제목이 붙은 것으로, 몰약을 가져왔을 때 예수의 죽음에 대해서 흐느끼며 참회하는 죄 많은 여인에 대한 시이다. ⋯ 여인은 죽은 그리스도에 대해서 흐느끼지만, 그녀와 함께 대화를 나눈 것은 '살아 있는 주님'이다. 빛은 세상으로부터 사라졌지만, 그녀에게 슬픔을 초래한 것은 바로 그녀 자신의 죄의 어둠이다. 그녀가 바치는 눈물은 힘으로써 구름으로부터 대양(大洋)의 물이 떨어지도록 만드는 선물이다.

3) 다마스쿠스의 요한

　요한(675~749)은 전통적으로 '다마스쿠스 사람'이라고 불리지만, 그리스도교 사제, 수도사와 신학자로서 그의 활동은 주로 팔레스타인, 특히 베들레헴 근처 기드론 골짜기에 있는 '마사바'의 사막 수도원에 중심이 놓여 있다. 그는 한때 이슬람의 관리로 칼리프의 궁궐에서 그리스도인들을 관리하는 일을 했다. 그리고 소수민족과 억압받는 공동체의 치안을 유지했으며, 그들로부터 세금을 조달했다. 그의 이슬람 군주는 점차 그를 의심의 눈초리로 보기에 이르렀고, 이러한 긴장된 분위기 속에서 그는 8세기 초에 그 도시를 떠났다. 그리스도교의 지적이고 문화적인 오아시스인 '마

---

27 맥구킨, 『비잔틴 전통의 성인들』, 129.

사바'의 수도원에서 살기로 결심했다. 그곳은 비잔틴 황제의 통제 밖에 있는 지역이었다. 요한이 성화상의 신학적 위대한 옹호자로 서의 공식적인 명성을 얻도록 허용한 지역이기도 하다. 그 당시의 비잔틴 궁궐은 신성한 상(像)에 대항하여 적대적인 캠페인을 벌였고, 진정한 그리스도교로부터 빗나가게 하면서 비난했다. 성화상 옹호자들이 박해받고 있었다. 요한은 황제의 손이 미치지 않는 점을 이용해 성화상에 대한 주요한 신학적 대변자가 되었다. 성화 상을 배척하는 것으로서 구약성서에 호소하는 것은 어떠한 유익 한 논증도 아니라고 주장했다.

요한은 그의 논문 "성화상의 옹호"에서 그리스도교 신앙의 본 질은 하나님-인간(God-Man) 예수 안에서 주어졌다. 하나님은 그 리스도의 육화에 완전하게 참여(present)하였다고 주장했다. 그러 므로 주의 육신은 신의 현존과 계시의 완전한 매개체였다. 그것은 어떻게 신적인 은총이 물질성에 들어가서 은총에 의해 그것을 신 성화하는가에 관한 강력한 범례로서 계시 된 채로 있다. 그리하여 성화상은 마치 유물과 십자가나 성수(聖水)와 같은 다른 독특한 물질적 형태가 은총의 신성한 수단일 수 있는 것처럼 거룩한 것일 수 있다. … 성화상에 대한 요한의 옹호는 그를 동방 교회의 후기 '교부들' 중에서 가장 유명한 사람 중 하나로 만들었다. 그는 이따 금 '교부 중에 마지막 교부'로 불린다.

성화상의 교리는 787년 일곱째 에큐메니칼 공의회에서 정당 화되었다. 그의 삶, 즉 문화적, 종교적인 삶은 신학자로서의 위대한 혁신가가 아니라 종합가로 등장한다. 그는 그것이 확립되었을 때 '정통적인 전통'을 요약할 생각이었던 교부들의 저작을 집대성했다. 그의 저작은 뒤이어 서방은 물론 동방에도 널리 보급되었으며, 토마스 아퀴나스의 『신학대전』(神學大全, Summa Theologiae)의 주요한 근원이 되었다.

요한과 양자(養子) 관계에 있는 그의 동생 코스마스는 찬송가 작곡의 비잔틴 전통에 대한 새로운 삶을 갖고 있었다. 그리고 마사바 수도원이 그 당시의 동방 전례의 쇄신에 큰 힘이 되어 주었으므로 그들은 이상적인 위치에 놓이게 되었다. 또 그것은 9세기경에는 잘 진행되어가고 있었다. 코스마스의 찬송가들은 물론 요한의 찬송가는 비잔틴 교회의 전 예배에서 눈에 띄고, 심지어 오늘날까지도 정기적으로 사용되고 있다.

다음에 십자가의 승리에 대한 간략한 찬송가에서(전례에서 십자가의 축일을 위한 중심적인 비잔틴 찬송가로서 지금도 사용되고 있다) 요한은 불멸의 하나님의 모상에서 전 인간을 다시 나타내는 유월절의 승리로서 십자가에 못 박히신 예수를 나타낸다. 그것은 살아 있는 구원의 신비로서의 십자가와 부활에 대한 신비한 비잔틴 이해의 세밀한 요약이다. 구속(救贖)은 인간의 용서로 인도되는 단순한 속죄가 아니며, 그것은 제자의 삶의 구조에서 일어나는, 한층 더 존재론적인 변화이다. 즉 그것은 은총에 대한 신성화의 선물이다.

<생명을 주는 십자가에 바치는 찬송가>

끊임없이 우리는 허리 굽혀 절합니다. 오, 우리 하나님, 그리스도여, 당신의 부활의 영광과 가장 능력이 많으신 주님, 인간의 약해지는 본성을 셋째 날에 당신이 새로이 만들었을 때, 당신의 십자가 앞에서 그 것은 우리에게 생명을 줍니다. 위에 있는 천국으로 되돌아가는 길을 아주 분명하게 우리에게 보여주면서. 왜냐하면 당신만이 선하시고 인류의 찬미자이시기 때문입니다.[28]

5. 존 크리소스토무스: 황금의 입

존 크리스소토무스(349~407)는 '그리스도 정신'에 관한 실제적인 설교를 포함하여 예배에 확고하게 뿌리내린 신학을 선호했던 사람의 표본이다. 그는 349년 약간의 사회적인 지위가 있었던 중산층 가정에서 태어났다. 이른 나이부터 그는 영적 지도자로 촉망받는 모습을 보여주었다. 그는 일찍이 안티오키아에 있는 수도원에 입회하였다. 그는 저명한 설교가요 성경 교사로 이름을 날렸고, 성경에 관한 주석뿐만 아니라 설교들을 펴냈고, 또 구두로 전하기도 했다. 그가 택한 접근방법은 전형적인 안티오키아 학파 유형이었다. 그는 성경을 해석할 때 역사적이고 문자적인 의미에서 출발하여 유형론적인 의미를 탐구하는 방향으로 나아갔다. 비

---

28 맥구킨, 『비잔틴 전통의 성인들』, 132-136.

록 대중들이 그의 설교와 가르침을 좋아했지만, 안티오키아의 지배층들은 그에게 항상 호감이 보인 것은 아니었다. 왜냐하면 그의 많은 설교들이 그들의 과시적인 소비문화와 이기적인 욕망의 삶을 공격했기 때문이다. 그럼에도 불구하고 그는 사람들로부터 매우 인기가 있고 존경을 받았기 때문에 397년 10월에 황제 테오도시우스 1세는 그를 콘스탄티노플의 감독으로 임명했다.

콘스탄티노플 총대주교로 임명되자마자, 존 크리소스토무스는 그 도시의 수도사들과 성직자들의 삶을 정화하고 개혁하는 데 혼신의 힘을 기울였다. 그는 황제와 정부가 그리스도교에 베풀었던 호의는 교회와 성직자들을 도덕적 영적 무기력한 상태로 인도했다고 생각했고, 자신은 교회를 정화하여 다시 원위치로 돌려놓도록 하나님으로부터 부름받은 사람이라고 믿었다. 그는 교회에 대한 황제의 지배-이것은 서방에서는 황제교황주의(Caesaropapism)로 불렀다-에 대항하여 대성당에서 강력한 설교를 직설적으로 선포하기 시작했다. 그는 정부나 정부 조직으로의 감독들의 독립을 주장했다. 당시 감독들 주변에는 정부 직책을 맡은 감독이나 성직자들이 점점 늘어났다. 크리소스토무스는 콘스탄티노플에 존재하는 빈부 격차를 비판했다. 그는 수도사들과 성직자들에게 노동할 것과 교인들을 돌보라고 명령하였고, 부자들의 후원금도 끊으라고 명령했다. 당시 수도사들과 성직자들은 부자들이 내는 후원금으로 사치스러운 생활을 즐기고 있었다. 그의 전기를 쓴 현대의 한 학자는 크리소스토무스가 한 설교의 훌륭한 부분을 다음과 같이 제시했다.

보라, 이것이 얼마나 지각없는 일이며 미친 짓인가! 교회 주변에는 가난한 사람이 너무 많다. 또 부잣집 어린이들도 너무 많다. 하지만 교회는 가난한 사람 한 사람도 구제하지 못한다. '어떤 이는 배고프고 어떤 이는 취해있다'(고전 11:21). 어떤 이는 은항아리에 배변을 하고, 어떤 이는 빵 한 조각도 없다.

두말할 필요도 없이, 크리소스토무스는 그리스도인이든 비그리스도인이든 할 것 없이 가난한 자나 비참한 자들의 영웅이었다. 그의 설교를 듣기 위해 모인 사람들은 대부분 그런 사람들이었다. 그들은 크리소스토무스에게 "황금의 혀" 또는 "황금의 입"이라는 칭호를 주었다. 왜냐하면 그의 설교가 그들의 귀에는 너무나 달콤했기 때문이었다. 401년에 공개적으로 선포했던 한 설교에서 크리소스토무스는 황후 유독시아(Eudoxia)를 이세벨(Jeaebel)에 비유했다. 이는 속담에 있는 것처럼 낙타의 등을 지푸라기로 친 꼴이었다. 그는 구약의 한 예언자처럼 통치자들을 약 올리려고 결심한 사람처럼 보였다.

크리소스토무스의 몰락은 동료 감독이었던 키프로스의 에피파니오스(Epiphanios of Cyprus, 367~403)가 그를 공격하면서 시작되었다. 에피파니오스는 크리스토무스를 "오리게네스주의를 외치는 이단자"로 공격하는 운동을 개시했다. 크리스토무스 반대운동은 주로 정치적인 동기에서 비롯되었고 그의 신학은 전적으로 정통신학의 노선에 있었다. 사실 그의 신학은 성경해석과 그리스도인들의 이교주의와의 문화적인 융합에 대한 비난들이 주를 이루고 있다. 403년 9월에, 크리소스토무스 교회재판소에 의하여 정죄당했다. 그리고 그의 감독직 파면은 같은 해 오크(Oak)에서 열린 노회에서 확정되었다. 그가 강제로 콘스탄티노플로부터 추방을 당하자 거리와 대성당 내부에서 공개적인 폭동이 일어났다. 황제는 폭동 진압을 위해 군인들을 파견해야만 했다. 잠시 복직되기도 하고 망명에서 돌아오기도 하는 등 몇 차례 소동을 겪고 난 이후, 크로스토무스는 406년 9월 14일 콘스탄티노플로부터 멀리 추방되어 강제로 끌려가는 도중에 사망했다. 그는 영양실조와 일광에 과다노출로 사망했다. 이것은 분명 황제 아르카디오스(Arkadios)가 집행한 것임이 틀림없었다. 아르카디오스는 '황금의 입'이 영원히 사라지기를 원했던 사람이었다.

존 크리소스토무스는 동방정교회의 위대한 영웅 중의 한 사람으로 기억되고 있다. 그의 과감한 설교와 교회와 국가에 대한 개혁정책들 그리고 그의 순교로 그는 교회의 스승이요, 성인으로 존경받고 있다. 많은 동방정교회는 그의 이름을 따서 교회 이름을 지었다. 그는 결코 조직신학 책을 지은 것도 없고, 얼마나 많은 천사가 바늘 끝 위에서 춤을 출 수 있을지 사색해 본 적도 없다. 위대하고 용감한 설교자요, 예배와 교회 생활의 개혁자이며, 영적인 안내자요, 강력한 예언자였다는 점에서 훌륭한 신학자의 범례로 간주되고 있다. 동방정교회에 따르면, 기도하고 설교를 잘했던 그는 가장 훌륭한 신학자이다.[29]

29 존 크리스토무스에 관해서는 다음 문헌들을 참고하시오: 루돌프 브랜들레/이종
한 역,「요한 크리소스토무스 - 고대교회 한 개혁자의 초상」(분도출판사, 2016);
요하니스 알렉시우 대사제,「성 요한 크리소스토무스」(정교회출판사, 2014); 로
저 E. 올슨/김주한·김학도 역,「전통과 개혁의 2000년 이야기로 읽는 기독교 신
학」(대한기독교서회, 2016), 제5부 제19장 "동방측 교회가 동방정교회가 되다."

참고문헌

강태용.『동방정교회 -역사와 신학』. 홍익재, 2010.

김동건.『그리스도론의 역사』. 대한기독교서회, 2018.

김동주.『기독교로 보는 세계 역사』. 킹덤북스, 2012.

김재준.『장공 김재준 전집』. 한신대학교 출판부, 1992.

놀, 마크 A./최재건 역.『미국·캐나다 기독교 역사』. CLC, 2005.

데이비스, 레오 도널드/이기영 역.『초기 그리스도교 에큐메니칼 7대 공의회 -
　　그 역사와 신학』. 대한기독교서회, 2018.

맥구킨, 존 안토니/이기영 역.『비잔틴 전통의 聖人』. 동연, 2018.

맥그라스, 알리스터/박규태 역.『기독교의 역사』. 포이에마, 2016.

메이엔도르프, 존/박노양 역.『비잔틴 신학』. 정교회출판사, 2013.

박찬희.『동방정교회 이야기』. 신앙과 지성사, 2012.

브랜들레, 루돌프/이종한 역.『요한 크리소스토무스』. 분도출판사, 2016.

석영중.『러시아정교. 역사·신학·예술』. 고려대학교출판부, 2007.

셸리, 부르스.『현대인을 위한 교회사』. 크리스찬다이제스트, 2005.

오스르로고르스키, 게오르크/한정숙·김경연 역.『비잔티움 제국사 325-1453』.
　　까치글방, 2014.

올슨, 로저 E./김주한·김학도 역.『이야기로 읽는 기독교신학』. 대한기독교서
　　회, 2016.

요아니스 알렉시우/박용범 역.『성 요한 크리소스토무스』. 정교회출판사, 2014.

우스팬스키, 레오니드.『정교회의 이콘신학』. 정교회출판사, 2015.

웨어, 디모데/이형기 역.『동방정교회의 역사와 신학』. 한국장로교출판사, 2008.

이에로테오스/박노양 역.『예수기도』. 정교회출판사, 2013.

콧체, 레이문트·베른트 묄러/이신건 역.『에큐메니칼 교회사 고대교회와 동방
　　정교회』. 한국신학연구소, 1995.

파이시오스 수도사.『아토스 성산의 수도사들』. 정교회출판사, 2011.

러시아정교회 영성의 역사
― 장공의 역사 참여적 영성*

I. 서론적인 이야기

그리스도교는 988년 러시아에 전래 된 이후 약 천 년 동안 러시아 민족의 정신구조를 형성하고 지배하는 압도적인 요소가 되어 왔다. 포괄적인 의미에서 러시아의 정신은 그리스도교와 불가분의 관계를 맺으며 러시아 고대 및 중세 문화가 전적으로 종교적이었고, 문화의 세속화가 이루어진 17세기 이후 무신론을 표방하던 구소련에서도 정교 신앙은 민족성의 일부로 삶과 문화의 방향을 조성하는 내적인 조타수의 역할을 하였다.

러시아정교 신앙의 핵심인 수도자들의 영성은 역사적 흐름과

---

* 이 글은 2018년 3월 22일 한국기독교장로회 전남노회 목회자 성서학당과 2019년 4월 25~26일 강화도 심도학사에서 발표한 것이다.

그 신학적 본질 그리고 신앙의 지상적 표징인 성당과 이콘은 상호 연관되는 가운데 아름다움과 진리와 선함이 장엄하게 어우러진 삶, 러시아인들이 천 년 동안 가슴에 지녀왔던 삶의 이상을, 더 나아가 정신적인 가치에 관해 재고해 볼 기회가 될 것이다. 본 과제는 '러시아정교회 영성의 역사 – 장공의 역사 참여적 영성'에 대한 소고이다. 정교회 영성과 장공의 영성의 만남의 지점, 향후 한국교회의 영성은 그리스도교(로마 가톨릭, 개신교, 동방정교)를 아우르는 방향이었으면 하는 바람에서다.

II. 러시아정교회 역사: 모스크바 시대 – 제삼의 로마

14세기 말부터 몽고 타타르의 압제는 점점 힘을 잃고, 거기에 맞추어 모스크바의 권력은 점점 강화되었다. 1480년 러시아는 몽고의 굴레에서 해방되어 모스크바를 중심으로 하는 단일한 국가로 다시 태어났다. 국호 또한 루스에서 러시아란 이름으로 변경되었다.

'모스크바 – 제삼의 로마' 설은 비잔티움 제국이 멸망하고, 러시아가 몽고의 압제에서 완전히 해방된 시점에서 흘러나왔다.

여기서 요점은 터키(이슬람)에 의한 콘스탄티노플의 함락(1453년)이 러시아의 몽고 타타르 지배의 종식(1480년)과 대략 시기적으로 일치했다는 점이다. 러시아인들에게 이 두 개의 사건은 자연히 서로 관련이 있는 것으로 여겨졌다. 비잔티움에서 이슬람이 정교회에 대해 승리를 거둔 것과 같은 시기에 러시아에서는 반대의 사건, 즉 이슬람에 대한 정교회의 승리가 이룩되었던 것이다.[1]

한 세상의 종말과 새로운 세상에 대한 기대감이 교차하는 시점에서 모스크바는 멸망한 제일 로마와 제이 로마(비잔티움)를 계승한 제삼의 로마로 부상했다. 주변국의 멸망과 러시아의 상대적인 융성, 종교적 독립성과 중앙집권체제의 확립 등은 15세기 중반부터 모스크바의 위상을 드높여 주었고, 모스크바야말로 그리스도교 수호의 마지막 보루라는 생각을 자연스럽게 유포시켰다. 그리하여 두 로마의 패망과 모스크바-로마의 항구한 영광을 구원사적 측면에서 해석하는 이론과 작품들이 속속 등장하면서 러시아인들의 역사적 상상력을 자극했다.

'모스크바 - 제삼의 로마' 이론은 모스크바 시대부터 오늘날에 이르기까지 러시아 역사를 관통하는 이데올로기로 지속되어 왔다. 그것은 군주들에게는 무력 외교와 폭정을 합리화시키는 지배 이데올로기를 제공했으며, 민중들에게는 선민사상을 심어 주었

---

1 석영중,『러시아정교』(고려대학교출판부, 2007), 77. '제삼의 로마 - 모스크바'의 영원한 권세를 뒷받침하는 성서적 근거는 다니엘 7:27, 요한계시록 20:6이고, 12세기 이탈리아 신비주의자 피오레 요아킴의 삼위일체의 위격에 따른 세 단계의 발전 궤적을 갖는다.

다. 물론 한 국가의 종교가 전적으로 정치와 무관하기는 어려운 일이지만, 강력한 국가상을 원했던 위정자들은 제삼의 로마설에서 정권 수호를 위한 편리하고도 만만한 이론적 지지대를 발견했고, 그것은 결국 부정적인 의미에서 신정정치로 이어졌다. 비잔티움에서 계승한 황제교황주의(caesaropapism)와 250년간 몽고 지배를 받으면서 누적되어온 민족적 열등감에 '모스크바 – 제삼의 로마' 이론이 더해지면서 기형적인 전제정치와 제국주의의 기반이 다져졌다.[2]

다른 한편으로 '모스크바 – 제삼의 로마' 이론은 다양한 변주와 증폭을 거치면서 독특하게 러시아적인 메시아니즘의 창출에 기여했다. 모스크바를 진정한 최후의 지상 왕국으로, 신예루살렘으로 고양시키려는 순수한 그리스도교적 의지는 수난과 극기의 자기비움으로 이어졌다. 또 러시아가 구원의 선봉에 서 있다는 세상은 수 세기 동안 러시아인들을 온갖 고난과 시련으로부터 지켜줄 수 있었다. 그들에게 조국은 신의 선택을 받은 지상의 마지막 왕국이었으며 그것을 지키는 것이야말로 그리스도인의 거룩한 소명이었다. 물론 이러한 선민사상은 정치적으로 악용될 소지가 충분히 있었고, 지난 20세기 레닌(V.I. Lenin)이나 스탈린(I.V. Stalin)이 전체주의 체제를 유지하기 위한 수단으로 선민사상과 메시아니즘을 교묘하게 이용하였다는 것은 잘 알려진 사실이다. 오늘날까

---

2 석영중, 『러시아정교』, 81-82.

지도 러시아인들의 마음속에 보이지 않는 삶의 원동력이 되고 있다. 페레스트로이카 이후 놀라우리만큼 빠른 속도로 이루어진 정교회의 부흥은 구원에의 희망이 혁명과 내전과 전쟁과 숙청을 거치면서도 얼마나 집요하게 러시아인들의 정신을 사로잡아 왔는지를 극명하게 보여준다.3

　　반드시 기억할 것이 있다. 1917년 볼셰비키 혁명은 러시아정교회의 행로를 완전히 바꿔 놓았다. 새로 출범한 소비에트 연방공화국은 "종교의 철폐는 인민의 진정한 행복을 위한 필수불가결한 조건이다"(마르크스)라고 단언했다. 그리고 "모든 종교적 사상, 신에 관한 모든 사상, 심지어 신에 관한 사상과 놀아나는 행위까지도 형언할 수 없이 비열한 짓이다. 수백만의 죄악, 더러운 행위, 폭력 행위, 물리적 오염도 저 말쑥한 이데올로기의 옷을 입은 교묘하고 정신적인 신의 사상만큼 위험하지는 않다"(레닌)고 말했다. 종교는 신이 없는 낙원을 건설하려는 볼셰비키들에게 장애가 되고, 잠정적인 위험 세력이었다. 그들은 러시아 역사의 중요한 시기에는 언제나 교회가 중심에 있었다는 것을 잘 알고 있었다. 지상의 천국을 꿈꾸는 자들에게 둘러싸인 20세기 러시아 교회는 끊임없이 절멸의 위협과 맞서 싸우며 힘겨운 생존을 유지해 나가야 했다. 러시아가 그리스도교를 받아들인 이후 그토록 조직적이고 집요한 교회 탄압은 일찍이 한 번도 없었다. 호전적인 몽고의 칸(汗)들

---

3 석영중, 『러시아정교』, 76-83 참조.

도 모스크바의 저 권위적인 짜르들도 교회 세속화의 선봉장이었던 뾰뜨르 대제도 공산주의 지도자들처럼 그토록 파괴적으로 교회를 증오하지는 않았었다.[4]

III. 수도원 영성의 역사

러시아의 수도 생활(monasticism)은 키예프 시대에 시작되었다. 러시아 최초의 수도원은 1051년에 창건된 키예프 동굴 수도원이다. 러시아인 최초 수좌 대주교 일라리온(Ilarion)이 드네쁘로 강 유역의 언덕에 깊은 지하 동굴을 파 놓고는 종종 그곳을 찾아와 홀로 기도를 올린 것에서 유래한다. 동방정교 영성의 중심지 성산(聖山, Holly Mount) 아토스 출신 수도자 안토니우스(Antonius)가 이곳에 터를 잡고 기도와 노동을 시작하자, 그를 숭배하는 사람들이 합류했다. 여기서 수도 생활을 하며 기도와 묵상과 노동을 통해 그리스도의 길을 따르려는 수도자의 수는 점차 늘어났다. '동굴수도원'이라는 이름이 붙여졌고, 안토니우스는 러시아 수도생활의 아버지라고 불리게 되었다.

---

4 석영중, 『러시아정교』, 176-177; E. H. 카/유강은 역, 『러시아 혁명 1917-1929』 (이데아, 2017). 역사가 카는 스탈린과 레닌의 연속성을 인정하면서도 레닌의 진정한 국제주의와 마르크스주의, 평등주의 그리고 스탈린의 민족주의와 권력욕, 피상적인 사회주의를 구별한다.

정교회력에 포함된 성인(聖人) 중 1백 명 이상이 이 수도원 출신이었다고 하니 고대 러시아에서 동굴 수도원의 역할이 얼마나 컸는지 짐작할 수 있다. 러시아 수도원은 영성의 중심지며 교육과 문화의 중심지였다. 그것은 19세기까지 러시아의 작가와 예술가들에게 영감을 주었다. 도스토옙스키가 이 수도원을 방문한 뒤 거기서 받은 감동을 토대로 〈까라마조프가의 형제〉를 썼다면 러시아를 대표하는 시인 푸시킨(A. Pushkin)은 까즈베끄산 위의 수도원에서 속세를 초월하는 안식처를 발견했다.

키예프 루스 시대에는 창작문학도 활발하게 이루어졌다. 이 시기 창작문학의 장르는 연대기, 성자전, 교훈서 등으로 대별된다. 그 문학은 단순하고 소박하지만, 거기에는 영원에 대한 항구한 지향이 담겨있어 오늘날까지도 숙연한 마음을 불러일으킨다.[5]

1. 수도원 성장과 성 세르기[6]

몽고 지배기 러시아 영성의 중심은 수도원이었다. 14세기부터 15세기 중엽에 이르는 약 150년 동안에 180여 개의 새로운 수도원이 창설되었다. 러시아 수도 생활의 전통은 이 시기에 완전

---

5 석영중, 『러시아정교』, 41-49.
6 석영중, 『러시아정교』, 52-55; 디모데 웨어/이형기 역, "몽고 지배하의 러시아교회(1237- 1448)", 『동방정교회의 역사와 신학』 (한국장로교출판사, 2008), 103-109 참조.

히 수립되었다고 해도 과언이 아니다. 당시 수도원은 신비주의자들이나 금욕주의자들의 은둔처 이상의 의미를 가졌다. 대부분의 수도원이 수백 명의 수도자를 포함하는 작은 도시와 다름없었다. 수도원은 토지를 소유했고, 그 주변에는 위성도시들과 마을이 생겨났다. 수도자들은 백성들과 밀접하게 관련되어 있었다. 그들은 백성들을 가르치고 그들에게 용기와 희망을 주었으며, 배고픈 이들에게 빵과 고기를 먹여 주었다. 수도자들은 가난한 이들을 위해 농부의 역할은 물론, 봇짐장수의 역할까지도 마다하지 않았다. 그들은 황량한 들판에 버려진 고아와도 같은 러시아인들에게 부모였고, 교사였으며, 지도자였다. 이 시기에 가장 위대한 민족 지도자는 수도자였다.

당시 수도원 중 가장 잘 알려진 것은 '삼위일체-성 세르기 대수도원'(Troitse-Sergieva Lavra)이었다. 수도원의 창설자인 라도네주의 세르기(Sergii Radonezhskii, 1314~1392)는 라도네주라는 작은 도시에서 농부의 아들로 태어났다. 부모가 사망하자 그는 모스크바에서 북동쪽으로 60km 정도 떨어진 곳에 있는 울창한 산림 속으로 숨어 들어가 작은 오두막집을 짓고, 거기서 2년간 기도와 고행 속에 은둔생활을 했다. 그에 대한 소문이 퍼지자 사람들이 그의 주위에 모여들었고, 자연스럽게 신앙의 공동체가 형성되었다. 그들은 조그마한 성당을 세워 본격적인 수도 생활에 들어갔고, 그 조그마한 성당은 훗날 '삼위일체-성 세르기 대수도원'으로 성장한다.

세르기가 세운 수도원은 두꺼운 벽으로 둘러싸인 요새와도 같았으며 그 안에는 학교도 있고, 공방도 있고, 작업장도 있었다. 그곳은 당시 모든 이들의 삶의 터전이었고, 세르기는 러시아 역사상 가장 어려운 시기에 민중들에게 희망의 횃불과도 같은 존재가 되었다. 그는 러시아의 '우밀레니에'(자비와 연민)를 진정으로 실천한 인물로, 공후에서부터 거지에 이르기까지 온갖 계급의 사람들이 그를 찾아와 축복과 조언을 구했다. 그는 영적인 심오한 지혜를 부여받은 인물, 성령의 특별한 은사, 즉 '카리스마'를 받은 인물로 추앙되었으며, 사후에 시성으로 모스크바에 수호성인으로 오랫동안 세인들의 사랑을 받았다.

세르기는 또한 '장로'(starets)라는 명칭으로 불린 최초의 인물이기도 했다. 장로는 성령의 직접적인 인도를 받아 영적 발전의 최고 경지에 이른 사람을 뜻하는데, 이 러시아 특유의 장로제도는 이후 우여곡절을 거듭하면서 19세기까지 지속되었다. 러시아의 장로는 도스토옙스키가 창조한 찌혼 장로, 조시마 장로의 형상을 통해 독자들이 마음속에 생생하게 각인되어 있다.

2. 러시아정교 - 위대한 장로들

정교회의 전통을 수호하며 겸허하게 신앙의 길을 걸어간 위대한 장로들이 있었다. 수많은 수도자와 성직자들이 어지러운 세상을 떠나 광야로 피신했지만, 그들은 결코 세상을 저버린 것이 아니었다. 그들은 황무지에 작은 수도원을 세우고 노동과 기도를 통해 하나님과 인간을 연결해 주는 고리가 되고자 각고의 노력을 기울였다. 18세기 러시아 성직자들, 특히 지방 교구의 사제들은 태반이 문맹 내지 준문맹이었으며 성서조차 제대로 읽지 못하는 경우가 많았다. 이러한 상황에서 선지자적인 은수자들과 성직자들이 일반 민중과 하위 성직자들의 교육과 계몽을 위해 발 벗고 나선 것은 너무나 당연한 일이었다. 신앙의 부흥을 가져온 가장 주목할 만한 인물 세 사람을 소개하려고 한다.

1) 빠이시 벨리츠꼬프스끼(Paisii Velichkovskii, 1722~1794)

속명은 뽀뜨르다. 그는 12세 때 키예프 신학교에 입학했으나 그리스어와 라틴어를 주로 가르치는 신학교육제도에 환멸을 느끼며 신학교를 떠나 여러 수도원을 전전하다가 아토스 성산의 한 수도원에 입단하여 헤시카즘의 전통을 깊이 체득하였다. 그는 『필로칼리아』를 슬라브어로 번역했고, 1793년 모스크바에서 출판했다. 그는 계속적인 기도-무엇보다도 예수기도-의 실행과 장로(스따리츠)에 대한 복종의 필요성을 매우 강조했다.[7]

빠이시는 수도 생활에 새로운 활력을 불어넣어 준 장본인이었

---

7 디모데 웨어, 『동방정교회의 역사와 신학』, 147; 석영중, 『러시아정교』, 132-133. 『필로칼리아』는 4세기부터 15세기까지의 동방정교회 교부들의 저술을 모아 엮은 책이다. 영성 규범이었고 그리스도인 삶의 지침서였다.

다. 약 1백 개에 달하는 러시아 수도원이 그의 영향을 받아 되살아났으며, 황야에 버려졌던 작은 수도원들이 알려지기 시작했다. 19세기에는 무수한 '황야'의 수도원들이 크고 웅장한 수도원들을 압도하면서 새로운 영성의 중심지로 부상하기 시작했다. 빠이시와 그의 제자들은 러시아정교회 안에 헤시카즘의 전통을 부활시켰으며, 그들의 번역 사업은 그 후 러시아 영성의 발전에 지대한 영향을 끼쳤다.

2) 자돈스끄의 찌혼(Tikhon Zadonskii, 1724~1783)

속명은 찌모페이 소꼴로프, 시골 보제의 한 가정에서 태어났다. 유년 시절을 극심한 빈곤 속에서 보낸 그는 매우 우수한 성적으로 신학교를 졸업하고, 그리스어와 수사학과 철학을 강의했다. 1758년 수도서원을 한 그는 은수 생활에 뜻을 두었으나 탁월한 지적 능력과 지도력을 인정받아 주교가 되었다. 그는 『일곱 가지 거룩한 신비』 등 사제들을 위한 영성 교본을 집필했다. 1767년 주교직에서 사임하고, 성모수도원으로 은퇴하였으나, 그곳에서 교육과 계몽을 위한 활동을 하였다. 수천 명의 사람이 그의 조언과 가르침을 받기 위해 찾아왔고, 그들에게 진정한 그리스도교적 가르침을 전했다. 그 외에도 『세상에서 수집한 영혼의 보물』과 『진정한 그리스도교에 관하여』는 당대는 물론 19세기와 20세기에도 수많은 사람의 사랑을 받았다. 도스토옙스키도 그의 책들을 여러 번 탐독했고, 자신의 소설 속에서 예술적으로 실현하였다.

찌혼은 청빈과 겸손의 삶을 살았고, 사랑과 온유를 설교했다. 그는 짚더미 위에서 잤고, 굶주림을 면할 정도의 최소한의 음식으로 연명했으며, 얼마 안 되는 연금과 후원자들의 성금을 가난한 이들에게 나누어 주었다. 1783년 그가 사망하자 그를 성자로 추대하는 물결이 전 러시아로 번졌고, 1860년에 시성되었다. 도스토엡스키를 비롯한 19세기 작가들에게 문학적 영감의 원천이 되기도 했다. 〈까라마조프가의 형제들〉의 조시마 장로는 그를 모델로 한 것이며, 소설 속에 삽입된 조시마 장로의 일대기 또한 찌혼의 전기에서 영감을 받아 쓴 것이었다. 그의 설교 모음집은 쉽고 친숙한 메타포와 이미지, 우화와도 같은 흥미로운 주제를 통해 전 우주적인 생명의 환희를 전달했다. 그는 삼라만상에 깃든 하나님의 모습을 찬미했고, 살아있는 모든 것을 사랑했으며, 삶 그 자체를 기쁨으로 받아들였다. 그는 고행이나 극기가 아닌 생명으로 충만한 사랑이 인류를 구원으로 인도한다고 믿었고, 또 그 믿음을 그대로 사람들에게 전했다. 그의 설교에는 인간에 대한 사랑, 삶에 대한 사랑, 하나님에 대한 사랑이 넘쳐흘렀고, 그 흘러넘치는 사랑의 복음을 듣고 사람들은 환희의 눈물을 흘렸다. "사랑이 있는 곳에 영원한 영혼의 축제와 기쁨이 있다"는 그의 말은 이성과 합리성의 시대를 비추는 작지만, 강력한 등불이었다.

3) 빠이시와 찌혼의 뒤를 이어 새로운 영성운동을 19세기로 연장한

  사로프의 세라핌(Serafim Sarovskii, 1754~1833)

상인 가문에서 태어난 그는 어린 시절 부상을 당했다가 기적적으로 회복한 뒤로 신비한 환영을 자주 보았으며, 성모 마리아와의 교감을 체험했다. 그는 1793년에 사제서품을 받았지만, 교구 사제가 되기보다는 광야에서 기도와 관상을 하는 삶을 선택했다. 그는 울창한 삼림지대에 세워진 사로프 수도원 근처 5km 정도 인근 광야에 작은 오두막을 지은 뒤 거기서 수년 동안 극도의 고행과 극기의 생활을 보냈다. 그의 기도는 거의 믿을 수 없을 정도로 오랫동안 지속되었으며, 광야의 짐승까지도 그의 친구가 되고자 작은 오두막을 찾아오곤 했다.

그는 몇 차례 심각한 질병에 걸렸으나 그때마다 기적적으로 회복되었다. 수도원으로 돌아온 그는 진정한 예언과 치유의 능력이 있는 장로로 추앙받았고, 하루에 수천 명의 순례자가 그를 방문했다. 온화한 미소를 띤 이 살아있는 성자는 방문객 하나하나를 기쁨으로 맞아들이고, 그들 모두에게 축복해 주었다. 온유와 겸손, 내면의 평화와 안식 그리고 침묵 속의 기도를 자신의 전 존재를 통해 보여준 그는 19세기 러시아에 헤시카즘의 전통을 부활시키고, 진정한 장로의 모습을 새겨놓았다. 그는 성모 이콘 앞에서 기도하던 중 기도하는 자세 그대로 눈을 감았다. 그는 사후 70년이 지난 1903년에 시성되었다. 서방 교회에서 세라핌과 가장 가

까운 성인을 찾자면 아마도 아시시의 성 프란치스코가 될 것이다.[8]

3. 도스토옙스키의 공동체 정신과 톨스토이의 진리 추구

1) 도스토옙스키의 공동체 정신, 사랑의 영성

도스토옙스키는 박식한 신학자도, 성직자도, 거룩한 수도자도 아니었지만, 그의 삶과 작품을 통해 러시아 그리스도교의 정수가 응축되고, 무한히 증폭된다는 점에서 그를 정교회사(史)의 핵심적인 위치에 놓을만하다. 그의 영성은 키예프 시대부터 쌓여온 러시아적 신앙의 전통을 몇 권의 소설책을 통해 가장 미학적인 방식으로 종합해 놓았으며, 19세기 말과 20세기 초에 영적 르네상스를 위한 길을 터 주었다. 신자나 불신자가 위대한 성인(聖人)의 일대기나 심오한 신학 저술보다는 살인범과 매춘부와 거짓말쟁이와 술주정뱅이와 간질병 환자와 무신론자로 가득 찬 그의 소설들을 통해서 러시아정교의 본질을 직관적으로 체득하고, 거기에 공감하며, 감동을 얻을 수 있다는 것은 놀라운 일이다. 그의

---

8 석영중, 『러시아정교』 131-137; 디모데 웨어, 동방정교회의 역사와 신학』, 148-151 참조. 동방정교회의 신성화(deification)에 대한 사상이 얼마나 육체를 포함하는지 보여준다. 이것은 세라핌의 영이 아니라 하나님의 은혜로 변화된 육체 전체이다. 세라핌은 지도해주는 선생도 후계자도 없었다. 그가 죽은 뒤 그의 연구는 은둔자 집단에 의해 이어졌다.

모든 소설은 성서와 동방 교회의 가르침에 대한 한 예술가의 오랜 탐색과 정신적인 고뇌를 반영하면서 세속화된 19세기 러시아를 등불처럼 비추어 주었다. 도스토옙스키라는 한 인간이 존재함으로 인해 러시아는 한편으로는 권력과 유착된 신성종무원, 타락한 성직자들 그리고 온갖 변형된 종교들에 시달리고, 다른 한편으로는 사회주의와 허무주의와 무신론의 강력한 위협에 노출되어 있음에도 불구하고, 정교신앙의 중심지로 남을 수 있었다.

그는 어린 시절 엄격한 정교회식 가정교육을 받으며 보냈다. 특히 그의 어머니는 진실한 기도와 성서 읽기를 통해 평생 지속될 성서의 의미를 어린 아들의 가슴속에 새겨주었다. 그는 일생에 가장 큰 영향을 미친 최초의 책을 〈욥기〉였다고 술회할 정도로 어린 시절의 독서 체험을 소중히 간직했다. 그러나 '나의 호산나는 엄청난 회의의 도가니를 거쳐야만 했다'라는 그의 말처럼, 유년기에 그의 내부에 형성된 종교적 성향이 성숙하기까지는 의혹과 방황의 긴 여정을 통과해야만 했다.

청년 시절 그는 그리스도교적 사회주의에 매료되었다. 그에게 인류애와 박애주의는 그리스도교와 동의어였으며, 그러한 가치의 구현을 방해하는 모든 제도에 저항하는 것은 그리스도인의 의무였다. 1845년 그는 영성체를 중단했으며, 비밀단체 서클에 가입하여 활동했다. 이 시기에 그는 여전히 그리스도에 대한 믿음을 간직하지만, 그의 믿음은 사회 정의 구현이라는 좀 더 현실적인 테두리 안에서 전통적인 교회의 가르침과는 상당한 거리가 있을 수밖에 없었다. 그에게 각성의 계기가 찾아왔다. 1849년 반정부 단체에 가담했다는 혐의로 체포되어 사형선고를 받고, 형장에 세 워졌다가 극적으로 감형받아 시베리아로 유배를 당했다.

유배지에서 보낸 4년간 그는 죄수들에게 허용된 유일한 책인 성서만을 읽으며 선과 악의 문제, 죄와 수난과 구원의 문제에 깊이 몰두해 들어갔다. 그가 시베리아로 이송 도중에 받은 성서는 손톱 자국과 메모와 밑줄로 나달나달 헤어진 채 그가 죽을 때까지 그의 손을 떠나지 않았다. 하늘과 땅이 맞닿은 듯한 시베리아의 광활한 대지와 수백 번 읽으면서 사색한 성서는 이 고뇌하는 지식인을 결국 그리스도의 참된 빛으로 인도해 주었고, 유배지에서 돌아온 그는 천부적인 문학적 재능을 발휘하여 〈죄와 벌〉에서 〈까라마조 프가의 형제들〉에 이르는 대작들을 발표했다. 유배 이후 발표한 그의 소설들은 각기 다른 주제에서 출발하지만, 결국 정교 신앙이 라고 하는 동일한 바다에서 만나게 된다.

사실 그는 제도로서의 교회에 대한 그의 태도는 수시로 흔들렸 다. 또 그는 러시아 장로제와 장로들에 대한 무한한 애정과 존경심 을 품고 있지만, 공식적인 교회의 입장으로 볼 때 그는 항상 위태 로운 신앙인이었다. 사실 이점은 그의 소설들에서도 드러난다. 예를 들어, 죄인 라스꼴리꼬프를 갱생으로 인도하는 소냐는 그에 게 사제를 찾아가라고 하는 대신 대지(大地)에 입 맞추고 죄를 고백 하라고 권유하며, '그리스도를 닮은' 미쉬낀 공작은 교회와 무관 한 삶을 영위하고, 조시마 장로는 주인공 알료사에게 수도원을 떠나 속세로 가라고 명한다. 그의 소설이 그리스도교적인 주제를 발전시킴에 제한되어 있었다.

도스토옙스키는 체계적인 신학과는 거리가 먼 인물이었다. 그는 아름다움을 통해 은총과 계시를 보여주려고 했을 뿐 고정된 도그마를 설교하는 데는 별 관심이 없었다. 그는 신앙을 고백하되 신앙을 논하지는 않았다. 그의 작품 속에서도 신앙을 '논하는' 인물들은 대부분 신앙의 반대편에 있는 자들이었다. 파란만장했던 그의 삶과 그의 사상의 여정을 보여주듯, 그의 작품 속에 들어 있는 종교적 관념은 격렬하게 소용돌이치며 뒤얽히는 가운데 깊이를 더해 갔지만 일관성 있는 체계를 형성하지는 못했다. 그에게 예술과 유리된 추상 관념이란 존재치 않았으며, 그는 언제나 소설가로서 유기적인 합일의 관계를 유지했다. 그가 한평생 추구했던 것은 "아름다움과 기도의 유기적인 결합"이었다.

그럼에도 불구하고 만년의 도스토옙스키가 도달한 곳은 교회 안에서의 신앙이었다. 1881년 1월 25일 폐동맥 파열로 쓰러진 그는 죽음이 목전에 다가왔음을 직감했다. 그는 사제를 청해 성유성사(종부성사)를 받았고, 28일에는 신약성서 마태복음 3장 15절 "예수께서 요한에게 '지금은 내가 하자는 대로 하여라. 우리가 이렇게 해야 하나님 원하시는 모든 일이 이루어진다' 하고 대답했다"는 말씀에서 그는 죽음이 예수의 뜻이라고 해석했고, 그의 해석은 옳았다. 그는 아들에게 성서를 물려주고, 그날 저녁 평화로이 눈을 감았다. 그가 임종 시에 보여준 것은 평생에 걸친 종교적 고뇌와

종교적 열정이 승화되어 이룩된, 겸손한 그리스도 교인의 죽음이었다.[9]

이제 그의 공동체적 정신, 사랑의 영성에 대한 진술을 통해 장공의 우주적 사랑의 공동체 영성과 접목할 수 있겠다고 생각된다. 1866년대에 '대지주의'를 표방하면서, 도스토옙스키는 러시아 지식인들의 비극이 대지와의 단절에 기인한다고 주장했다. 그리고 러시아는 민중들과의 교감을 회복함으로써 동과 서, 슬라브주의와 서구주의, 아시아와 유럽의 장엄한 화해를 가져오고 또 그것을 토대로 구원의 선봉에 설 수 있다는 생각을 발전시켰다. 이렇게 민중과의 관계 회복을 주장하는 가운데 그는 서서히 교회로 돌아갔고, 그의 종교적 고뇌는 '공동체 정신' 속에서 그 해결점을 찾았다. 모든 이가 한목소리로 하나님을 찬미하는 성찬예배는 공동체 정신의 가장 가시적이고 영속적인 구현이다.

도스토옙스키의 공동체 정신은 조시마 장로의 입을 통해 밝혀진다: "모든 사람은 세계 보편적인 죄악뿐 아니라 만인에 대하여 죄인이다." 모두가 죄인이라는 자각을 통해 인간은 끝없이 흘러넘치는 영원한 우주의 사랑 속에서 감동하게 되고, 눈물로써 세계의 죄악을 씻어낼 수 있는 힘을 얻는다. 구원을 향한 긴 여정에서 선인도 악인도 공적도 죄악도 궁극적으로 하나님의 영광을 드러내 주고, 그들이 흘리는 환희의 눈물은 대지를 적시어 신적인 사랑

---

9 석영중, 『러시아정교』, 146-156.

과 인간적인 사랑의 거룩한 조화를 만들어낸다. 그리스도에 열렬한 사랑에서 출발한 그의 종교철학은 이렇게 공동체 정신을 통해 전 인류의 구원에 대한 이상으로 완결지어졌다. 그는 그리스도가 곧 사랑이라는, 그리스도교의 가장 근원적인 의미를 예술을 통해 보여주었다.

장공의 '전 우주적 사랑의 공동체'라는 신학적 비전은 단순히 인생 마감 단계인 80세 고령에 나왔지만, 이는 그의 전체적 생애 속에서 정립된 것이라 여긴다. 장공은 그리스도 안에서 사랑으로 민족 사랑, 인류 사랑, 자연 사랑까지 구현한다. 그리스도 안에서 최후의 원수인 죽음의 권세를 이기고, 부활의 영원한 생명을 체험한다. 하나님의 사랑은 무량애(無量愛)여서 전 우주적 사랑의 공동체를 이룬다. 이러한 헤아림으로 도스토옙스키의 공동체적 정신(사랑)과 장공의 전 우주적 사랑의 공동체에 대한 원대한 이상을 즐거이 비교해 본다.

2) 톨스토이의 진리 추구

톨스토이 역시 19세기 러시아가 낳은 위대한 작가였고, 그의 종교철학 역시 러시아정교회사에 지울 수 없는 흔적을 남겼지만, 그의 신앙은 도스토옙스키의 신앙과는 정반대의 길로 갔다. 톨스토이는 합리주의자였고 현실주의자였다. 그 역시 도스토옙스키처럼 무한한 정열의 소유자였지만, 그의 정열은 도스토옙스키의 신비주의적 열광이 아닌 진리를 향한 부단한 노력으로 기울어졌다. 진리와 그리스도가 상치될 경우, 도스토옙스키가 진리 대신 그리스도를 따르려 했다면, 톨스토이는 그리스도 대신 진리를 따르려 했다.

그는 도덕가이자 설교가였으며, 행동가이자 사회개혁가였다. 그가 종교에서 구한 것은 사람들을 일깨우고, 가르치고, 올바른 길로 인도하는 지혜였다. 중요한 것은 부수고 다시 세우는 데 필요한 지혜였으며, 그렇기에 그러한 지혜를 제공할 수만 있다면 그리스도교가 아닌 다른 어떤 종교라도 상관이 없었다. 그는 진리를 구하기 위해 세계 각국의 종교를 섭렵했으며, 심지어 분리파와 종파들의 일부 교리에 매료되기까지 했다.

그는 또한 종교에 입각한 새로운 낙원을 세우는 데 방해가 된다면 자신의 예술과 종교와 국가, 심지어 그리스도까지도 기꺼이 부정했다. 그는 르낭이나 슈트라우스가 그러했듯이 '지극히 선한 인간' 그리스도를 그려냈지만, 새로운 그리스도를 '창조'하는 일에 적극적으로 나섰다.

톨스토이는 1878년 '회심'을 기점으로 교회의 가르침을 조목조목 비난한 『교의 신학 연구』, 4대 복음서를 자기식으로 고쳐 쓴 『4대 복음서의 번역과 통합』, 그리스도교에 대한 독자적인 해석을 담고 있는 『나의 신앙』은 모두 그리스도교가 얼마나 신앙의 신비로부터 멀리 떨어져 있는가를 여실히 보여준다.

1901년 러시아정교회는 그를 파문시켰고, 그는 결국 '톨스토이즘'이라 불리는 새로운 종교의 교주가 되었다. 무정부주의, 채식주의, 무저항주의, 금주와 금연 등등은 이 새로운 종교의 교리였다. 그는 '신이 없는 신학'을 만들어낸 것이다. 톨스토이의 새로운 종교에서 우리는 바로 그 '합리적인 신앙'의 자취를 느끼게된다.

러시아 밖에서 톨스토이는 '세기의 현자', '인류의 양심'이라고 불렸다. 그러나 그는 어쩌면 지나치게 현명했고, 양심적이었는지 모른다. 그래서 그리스도를 받아들일 수 있는 마음속의 작은 공간마저도 그 양심과 현명함에 의해 닫혔는지 모른다. 그는 확실히 인류를 사랑했고, 인류의 행복을 위해 헌신했다.

도스토옙스키가 불신의 도가니를 지나 신앙을 되찾았다면 톨스토이는 무신론과 종이 한 장 차이의 종교를 창시했고, 도스토옙스키가 복음서를 전 존재로 받아들였다면 톨스토이는 다섯째 복음서를 썼다. 도스토옙스키가 임종을 앞두고 신의 섭리에 모든 것을 겸허히 바쳤다면, 톨스토이는 진리를 찾아 집을 나선 뒤 쓸쓸한 시골 역에서 "진리를…사랑한다…"라고 중얼거리다가 숨을 거두었다. 이 두 위대한 작가가 정반대 입장에서 그러나 때때로 동일한 신조를 공유하며 구원을 향해 걸어간 길은 수백 년 동안 지속되어 온 러시아 메시아니즘의 두 가지 패러다임을 대변해준다. 톨스토이, 그는 진리 추구를 유산으로 주고 갔다고 할 수 있다.

IV. 아름다움이 세상을 구원하리라

솔제니친은 1972년 노벨상 수상 연설문에서 "미가 세상을 구원하리라"라고 했던 도스토옙스키의 말을 인용하면서 이렇게 자문한다: "물론 아름다움은 고상하고 숭고한 것이다. 하지만 미가 언제, 누구를 구원했다는 말인가?" 이 자문에 대한 그의 대답은 정교회 예술에 함축된 러시아적 미의 개념을 설명해 준다는 점에서 의미심장하다. "미가 세상을 구원하리라"라는 도스토옙스키의 말은 그냥 튀어나온 말이 아니라 예언이 될 것이 아니겠는가. 어쨌든 그는 많은 것을 볼 수 있는 재능을 타고난 사람, 놀라운 빛으로 충만한 사람이었으니까. 그렇다면 예술과 문학은 정말로 오늘의 세상을 도와줄 수 있지 않겠는가?[10]

러시아 사람들이 예술에서 이룩하고자 했던 것은 진·선·미(眞善美)의 합일이었으며, 그들은 노래와 시와 이콘과 성당을 창조함으로써 구원의 여정에서 신과 만날 수 있다고 진정으로 믿었다. 정교회 예술은 어떻게 보면, 도스토옙스키에서 솔제니친에 이르기까지 러시아 예술들이 생각한 진선미의 합일을 구체화하는 가장 이상적인 예술이라고 할 수 있다. 아름다움을 통해 신과 만나고, 아름다움을 통해 그리스도의 진리에 다다른다는 것이 다양한

---

10 석영중, 『러시아정교』, 251-252에서 솔제니친의 노벨상 수상 연설을 소개하고 있다. 더 연구할 이들을 위해서 연설의 영문판을 제시한다. A. Solzhenitsyn, *Nobel Lecture* (N.Y.: Farrar, Straus and Giroux, 1972).

교회 예술 장르의 저변을 흐르는 공통된 취지임을 감안해 본다면 정교 예술이야말로 '세상을 구원하는 미', 진과 선의 역할까지 대신 맡아줄 수 있는 미의 예라고 할 수 있을 것이다.

러시아 역사를 강타했던 온갖 가짜 진리와 가짜 선, 왜곡된 메시아니즘과 전도된 복음주의, 거짓과 악의 소용돌이 속에서도 살아남아 아직도, 구원이 가능함을 묵묵히 그러나 강력하게 말해주고 있는 성당들, 성당에서 울려 퍼지는 성가 그리고 이콘들 - 이것들이야말로 아름다움의 항구한 힘을 대변해주는 증거가 아니겠는가. 거짓된 사상이 예술을 폄하한다고 해도 예술의 의미, 진선미의 합일은 언젠가 드러나게 마련이다.[11]

1. 성당의 상징화

성당은 정교 신앙의 삼차원적 상징이다. 그것은 거룩한 전례가 봉헌되는 공간, 보이지 않는 하나님이 보이게 되는 공간, 그리스도의 삶과 죽음과 부활이 재현되는 공간이다. 블라디미르 공후가 그리스도를 처음 수용했을 때, 키예프의 광활한 대지에 솟아오른 소박하면서도 웅장한 성당들에서부터 모스크바 시대의 화려하고 위압적인 성당들, 상트페테스부르크 시대의 세련된 성당들, 두메산골의 작지만 아늑한 성당들에 이르기까지 러시아 땅 방방

---

11 석영중, 『러시아정교』, 254.

곡곡에 세워진 수만 개의 성당은 오랜 세월 동안 말없이 민족의 영성을 대변해 왔다. 성당은 그 자체로서 아름다운 예술작품이며 동시에 신앙의 표징이다. 공간과 기하학적 형태와 숫자와 색채의 상징주의 위에 세워진 성당은 건축가들과 석공들과 장인들이 민족의 염원을 담아 신께 바친 돌과 나무의 시이며 공간의 언어로 번역된 기도이다.

성당은 지상과 천상이 조우하고, 일회적인 의식이 초시간적 리얼리티에 조응하는 소우주이다. 따라서 건축은 일정한 상징의 원칙을 따른다.

러시아 성당의 가장 특징적인 부분은 아무래도 '돔'일 것이다. 돔 양식은 비잔티움에서 전해진 것이지만, 돔의 증식과 그 형태의 다변화는 순수하게 러시아적인 현상이다. 비잔티움 성당의 돔은 흔히 매끄러운 표면의 거대하고 완만한 반구형을 특징으로 하고, 반면 러시아 돔은 그것보다 작으며 여러 개가 중앙의 돔을 에워싸는 형태를 취한다. 러시아 초기 성당은 대개 무수한 돔을 보유했다. 다섯 개의 돔은 보통이고 일곱, 아홉, 심지어 서른세 개의 돔을 보유한 성당도 있었다. 돔의 수 역시 성당 건축의 다른 부분들과 마찬가지로 신학적 상징으로 받아들여질 수 있다. 예를 들어, 한 개의 돔은 신성의 일치를, 세 개의 돔은 삼위일체를 상징한다. 또 수 5는 그리스도와 4대 복음사가를 상징하고, 7은 성령의 일곱 은사 혹은 일곱 가지 성사를 상징하며, 9는 9품 천사를, 13은 그리스도와 12 사도를 각각 상징한다. 몽고 침략 때 완전히 소실된

키예프의 십일조 성당처럼 25개의 돔을 갖는 경우, 그것은 요한계
시록에서 언급되는 천상의 옥좌나 그 주변의 24자리를 상징하며
(계 4:2-4), 33개의 돔은 그리스도가 지상에서 보낸 33년간의 공생
활을 상징한다.

　돔은 또한 교회 상징학에서 머리를 지칭한다. 성서는 우리의
몸이 성전이라고 가르친다(고전 6:19). 인간은 하나님의 '모습과 닮
음'을 내적으로 간직하므로 인간의 몸은 하나님의 성전이며, 따라
서 교회의 머리는 인간 신체의 머리이기도 하다. 그것은 하나님을
향한 인간의 염원을, 그 타오르는 신앙의 불길을 상징한다. 이러
한 상징적 의미를 통해 건축과 인간의 영성은 동일한 리얼리티의
두 차원으로 맞물리게 된다. 돔은 다른 한편으로 교회의 머리인
그리스도를 상징한다. 꼭대기를 장식한 십자가와 함께 불꽃 모양
을 이루는 찬란한 돔은 성인과 순교자와 은수자들의 러시아, 천
년의 유구한 세월 동안 신앙을 간직해 온 민중의 러시아를 그리스
도의 빛으로 밝혀주는 횃불이다.[12]

2. 이콘 – 침묵의 설교

　이콘은 그리스어로 'eikon', 즉 이미지, 상(像)을 의미한다. 그
래서 러시아 사람들은 이콘을 단순히 '상'(obraz)이라고 부르기도

---

12 박찬희, 『동방정교회 이야기』, 184-189; 석영중, 『러시아정교』, 266-286 참조.

한다. 요컨대 이콘은 거룩한 존재, 보이지 않는 존재를 인간의 눈으로써 인식할 수 있도록 해주는 형상이라고 할 수 있다. 이콘은 색채로 말하여진 신학, 즉 그리스도의 강생과 신이 창조하신 이 세상의 아름다움 그리고 물질세계의 변모 가능성에 관해 말해주는 설교이다. 러시아정교회는 초기부터 이콘에 대해 독특한 공경을 표명해 왔다. 이콘에 대한 러시아 민족의 정서적 집착은 엄청난 것으로, 그 예술은 다른 나라에서는 찾아보기 어려운 공경과 사랑과 믿음을 바탕으로 화려하게 꽃 피었다. 이콘은 러시아정교 신앙의 가장 찬란하고 가장 눈부신 표현이었다.

이콘은 성당 내부를 장식하는 그림일 뿐 아니라 러시아 국가의 삶과 개인의 삶을 모두 조명해주는 그림이기도 하다. 전장으로 향하는 군대의 맨 앞에는 이콘이 있었으며, 위난의 순간이면 군주는 이콘 앞에서 국가 수호를 간구했다. 러시아를 지켜준 이콘, 기적의 이콘에 관해 무수한 전설이 만들어졌고, 많은 성당이 나라를 지켜준 이콘에 봉헌되었다.[13]

혁명 전, 러시아 가정에는 예외 없이 이콘이 비치되어 있었다. 러시아인들은 여행 시에도 이콘을 휴대하고 다녔으며 어려운 일이 닥칠 때면 그 앞에서 기도했다. 그들은 이콘을 바라볼 뿐 아니라 만지고 입 맞추며, 이콘을 향해 감사하고, 이콘으로부터 위안을 얻었다. 한마디로 말해서 이콘은 러시아처럼 종교와 정치가,

---

13 석영중, 『러시아정교』 287-291; 강태용, 『동방정교회』, 264-266.

국가의 영성과 개인의 영성이 긴밀하게 결합 된 사회에서 개인과 국가가 모두 하나님과 함께 있다는 것을 말해주는 시각적인 증거였다.

V. 러시아정교회 — 신학 주제들

1. 십자가와 부활 신학

그리스도 수난과 십자가에 못 박히심 그리고 부활은 정교회의 축일과 전례(예배)의 핵심이다. 부활은 죽음에 대한 승리이며 구원의 희망으로서 정교회 전례를 통해 선포된다. 확실히 부활은 서방 교회에서보다 동방 교회에서 훨씬 장엄하게 축하한다. 서방 교회가 자정미사를 크리스마스에 봉헌하는 것과 달리 동방 교회는 부활절 자정에 성찬예배를 봉헌하며, 또 서방 교회가 성주간 의식에 포함되는 십자가의 길을 통해 그리스도의 수난을 재현한다면, 동방 교회는 부활의 기쁨과 희망에 더 큰 무게를 둔다.[14]

러시아정교가 그리스도의 탄생보다 부활을 신앙의 핵심으로 간주하는 것은 수난을 영성 생활의 일부로 받아들임으로써 부활의 영광과 기쁨에 참여하려는 지극히 러시아적인 성향을 나타내

---

14 석영중, 『러시아정교』, 218.

며 그것은 부활절 인사를 통해서도 극명하게 드러난다. 러시아정
교에서 부활은 대단히 구체적인 사건이다. 따라서 "부활을 축하
합니다"라는 서방 교회의 추상적인 인사 대신, 정교회에서는 "그
리스도께서 부활하셨습니다"라고 인사하며 "참으로 부활하셨습
니다"라고 응답한다. 천 년 동안 사용되어온 인사말에 담겨있는
구체성은 그 어떤 신학이나 교리보다 직접적으로 러시아정교에
부활이 갖는 의미를 말해준다. 파스테르나크는 '성대주간'이라는
시에서 추운 겨울 뒤에 찾아오는 봄과 어둠을 물리치는 빛 그리고
죽음을 정복하는 그리스도의 부활을 같은 맥락에서 노래한다.15

2. 케노시스

동방 교회 영성에서 그리스도의 강생과 연장선에 있는 개념은
'케노시스'(kenosis)로, 그리스도의 '자기 비움', 비움 안에서 온전
히 하나님을 드러내는 성스러운 신비를 의미한다(빌 2:6-11 참조).
케노시스는 그리스도의 강생과 십자가의 못 박히심 그리고 성체
성사에 이르는 정교회 교리와 전례를 아우르는 동시에 비합리적
이고 예술적인 러시아 민족의 정서와 결합하여 소위 "역설의 신
학"이라 불리는 현상을 만들어냈다. 비움으로써 가득 차고, 낮춤
으로써 올려지고, 죽음으로써 영원히 살게 된다는 저 신비한 가르

---

15 석영중, 『러시아정교』, 218-220.

침은 복음서 곳곳에서 발견된다. 그리스도의 비움과 낮춤은 동방 교회 교리 전체를 관통하는 구원의 원리가 된다.

러시아정교에서 케노시스는 '복음적 부드러움이라 부를 수 있는 심오한 감정인 우밀레니에'와 연결된다. '우밀레니에'는 겸손, 온유, 부드러움, 연민 등을 포괄하는 감정으로 러시아정교는 초기부터 그러한 성향을 강조해 왔다. 우밀레니에와 케노시스는 위대한 은수자들과 수도자들에 의해 지극히 러시아적인 영성의 장구한 전통으로 굳어지게 되었다.

러시아 케노시스의 전통은 키예프 동굴 수도원의 페오도시 (Feodosi)로 거슬러 올라간다. 페오도시는 진정한 겸손와 온유의 성정을 지니고 있었고, 그리스도의 겸손을 관상하면서 자신을 낮추고, 가장 낮은 자로 여겼다. 페오도시의 성자전에 표현된 케노시스의 이상은 그 후 러시아 문학, 특히 도스토옙스키의 거룩한 창녀 소냐, 백치의 미쉬킨 공작, 조시마 장로에 이르기까지 여러 등장인물을 통해 그리스도의 비움과 낮춤을 문학적으로 구현했다.[16]

3. 테오시스 - 하나님을 닮아가는 과정[17]

"하나님의 성품에 참여하는 자"(Theosis, 神化)라는 말은 개신교

---

16 석영중, 『러시아정교』, 220-222.
17 석영중, 『러시아정교』, 222-224.

에서는 생소한 표현이다. 하지만 그것은 사람들이 신화(神化)되고 또는 테오시스의 소명을 받았다는 동방정교회의 신학적인 특징을 드러내는 말이다. 테오시스는 인간이 하나님의 영역으로 고양되는 것, 즉 하나님의 영역으로 상승되는 것을 의미한다. 동방정교에서 신화의 의미는 하나님과 같이 하나님의 형상으로 창조되는 인간, 하나님의 자녀가 됨, 하나님과 그리스도를 닮아감을 관상과 자비와 덕과 기도 등 여러 가지로 표현된다.[18]

테오시스는 창세기 1장 26절 "하나님은 '우리 모습을 닮은 사람을 만들자'고 하셨다"에서 출발한다. 즉 모든 인간은 태어날 때부터 자신 안에 하나님의 '모습과 닮음'을 담지하고 있으며, 그의 궁극적인 목표는 믿음과 은총의 힘으로 하나님과 하나가 되는 것이다. 인간은 그리스도를 따르는 삶을 통해 자신 안에 주어진 하나님의 모습에 가까이 다가서게 되고, 결국 하나님과 하나가 될 수 있다.

신비 안에서 충만히 사는 것을 신화라 한다. 우리를 향한 하나님의 연민이 우리를 신화로 인도한다. 그리스도교의 삶은 초자연적 은총만을 구하면서 현실 안에 그대로 머무는 것이 아니라, 현실 안에서 신성과 인간성을 지니신 하나님과 함께 사는 것이다.[19]

---

18 박찬희, 『동방정교회 이야기』, 103-104.
19 곽승룡, 『비움의 영성』(가톨릭출판사, 2004), 71.

테오시스는 그리스도인이 오를 수 있는 영성의 절정이라 할 수 있다. 인간은 그리스도를 본받고, 그리스도의 케노시스를 삶 속에서 실천하는 가운데 신심을 획득한다. 그러므로 테오시스를 획득하기 위해서 인간은 부단한 기도와 영적인 수련과 은총에 대한 희구뿐 아니라 실천적으로 그리스도의 길을 따르려는 의지를 가져야 한다. 신학자 볼가꼬프(Bulgakov)는 이러한 의지를 '창조적인 그리스도의 모방'이라고 부른다.

> 그분에서 각 개인은 자기 자신의 영원한 이상적 얼굴을 구하고 발견해야 하지만 이는 외적인, 비창조적인 모방을 통해서는 결코 완성되지 않는다. 그것은 언제나 정확하게 '자기 나름의' 십자가를 찾고 자기 방식으로 그분을 따라 그 십자가를 짊어지는 '창조적인 길'이어야 한다.[20]

그러나 만일 이러한 신화(神化)의 개념이 변질되거나 왜곡되면 사람이 되어 오신 그리스도, 곧 신인(神人)을 밀어내고 신의 자리에 오른 인간, 즉 인신(人神)을 창출해낼 수 있다. 인신은 신화(神化)의 원리를 도용한 교만과 위선의 산물로 인류 역사와 예술의 여러 페이지를 장식해 왔다. 그리스도의 틀을 빌려 온 반그리스도적 사상들, "모든 것이 허용된다"라고 주장하는 라스꼴니코프에서

---

20 석영중, 『러시아정교』, 223.

대심문관에 이르기까지 도스토옙스키가 창조한 무신론자들 그리고 전체주의와 사이비 메시아니즘과 획일주의를 지향하는 정치적 권력은 모두 인신(人神)을 창조하는 뒤집힌 신화(神化), 일그러진 신화를 바탕으로 한다.[21]

VI. 장공의 역사 참여적 영성

장공은 그의 삶에서 보여주듯이 '영성의 사람'(man of spirituality)이었다. 장공은 영성을 인간과 하나님의 인격적 사귐, 인간의 자기 초월, 하나님 형상화 작업, 자연 속의 역사 창조 등으로 설명했다. 다른 말로 하면, 현실 속에서 이루어지는 초월 체험과 그 구현이라 할 수 있다. 현실과 초월의 만남과 교류, 그것이 종교요, 역사다. 그런 면에서 장공의 영성은 초월적이며 동시에 현실적이고, 종교적이며 동시에 역사적 보편적이며 동시에 민족적이다. 이것을 장공의 역사 참여적 영성이라 할 수 있다. 장공이 평생 종교(그리스도교)와 민족 역사에 솔직하고 충실하려고 노력한 것도 이런 영성 체험과 구현 의지 때문이었다. 이는 동방정교회의 테오시스(Theosis) — 하나님의 성품에 참여하는 자와 비교되며 만남의 지점이기도 하다. 이 글은 장공의 역사 참여적 영성, 그의 회심 — 새

---

21 석영중, 『러시아정교』, 224. 반그리스도교적 사상과 실상들에 대한 예증들이다.

사람 경험과 청빈 그리고 역사 참여의 현실 변혁을 지향하는 삶에 대한 소고이다.

1. 장공의 고향에서[22]

장공(1901~1987)은 어린 시절 고향에서 당시 특히 은밀하게 만주와 시베리아를 오가며 독립운동을 한다는 지사들을 먼발치로 바라보면서 '넓은 세상을 향한' 그의 꿈이 영글기 시작했다. 그것은 '종교적 외경'으로 시작되었다. 장공은 유교에서 천(天)이란 개념이 막연하기에 '무엇인가 초자연적인, 인간 이상의 신, 조상의 혼백이나 귀신과 다른, 참 하나님이 있어야 하겠다고 생각했다'고 회상한다. 또한 장공은 고향에서 일본인의 신사(神社)가 있었는데 그 앞을 지날 때도 무슨 숭엄한 외경(畏敬)을 느꼈다고 회상한다.

장공은 19세 때, 이상한 꿈을 꾸었다고 회상한다. 꿈의 내용인즉, 웅기항에 아주 화려하고 찬란한 목선이 한 척 들어오는 것을 보았다. 무지개를 싣고 오는 배인 것 같았다. 그 배에 사람이 하나 타고 있었는데 그가 항구에 가져온 짐을 내려놓았다. 그것은 글자가 새겨지지 않은 백옥(白玉) 비석이었다. 그 사람이 말했다. '이제 너 스스로 이 비석에 새길 비문을 지어 새겨라' 하는 것이었다. 장공에게 긴 세월 속에서 그 꿈이 '잊혀지지 않는 꿈'으로 남아

---

22 김재준, "조약돌 몇 개", 『김재준 전집』 18, 399-400.

있었다. 그리고 장공은 그의 생애를 마감할 즈음에야 그 꿈에 담긴 계시의 의미를 해석해 낼 수 있었다. 장공은 그 꿈을 '그리스도인으로 살 미래'를 미리 보여주신 계시로 해석했다. 그러면서 그 은총에 감격했다. 바로 칼빈이 그리스도인이 체험하는 구원의 첫 단계로 제시한 '선행 은총'(prevenient grace)이다. 장공에게 선행은총의 계시는 구체적으로 만우 송창근(1898~1950)을 통해 임했다. 만우의 단호하고 강압적인 권면에 장공의 가슴이 움직였다. 장공은 서울 유학을 결심했다. 그렇게 해서 "본토 친척 아비의 집을 떠나"(창 12:1) '약속의 땅'을 향한 장공의 긴 여정이 시작된 것이다.

2. 거듭남, '영의 사람'이 되다

장공은 서울에 와서 중동학교 고등과에 등록했다. 장공은 중동학교 성적이 좋은 편이어서 그대로 진학하면 경성의학전문학교나 보성전문학교(현 고려대학교 전신) 쯤에는 들어갈 수 있었을 것이고, 그랬다면 어느 지방 의사나 재판소 판사쯤으로 종신했을지 모른다고 회상했다.[23] 1920년 여름, 서울에 온 장공은 중동학교 고등과 편입과 종로 YMCA 학관 영어부에도 등록하여 수업을 받았다. YMCA 이상재, 윤치호, 신흥우 총무 등이 뜻있는 청년들에게 민족의식과 신지식을 제공하였다.

---

23 김재준, 『김재준 전집』 18, 403.

1921년 늦은 가을 승동예배당에서 김익두 목사의 부흥회가 열렸다. 김익두 목사는 믿기 전에 황해도 장돌뱅이였다고 한다. 그의 언어는 민중의 말 그대로여서 구수한 예화로 엮어가는 설교로 부담을 주지 않았다. 열흘 마감 날 장공은 믿기로 작정했다. 가슴에 뜨거운 정열이 타올랐다. 그 기쁨은 생리적, 심리적 작용이 아니었다. 장공은 '이것이 성령강림이라는 것이구나' 하고 벅찬 기쁨에 황홀해졌다. 장공은 화끈했다. 맘속에 생명의 불이 치솟는다. 장공는 변해서 새사람이 됐다는 것을 실감했다. 기도의 욕심쟁이가 됐다. 밤새는 줄 모르고 성경을 탐독하였다. 이런 장공의 회심 당시의 회상은 80대의 고령이 되어서 하신 이야기다.[24]

장공의 삶의 방향이 달라졌다. 그 전 생활은 '분토'같이 여겨졌다. 나는 '새사람'이 되었다고 느꼈다. 그것은 바울의 '다메섹 체험', 어거스틴의 '밀라노 체험', 웨슬리의 '올더스게잇 체험'과 같은 것으로 체험 전과 체험 후의 삶을 확연하게 갈라놓는 결정적 '분기점'(turning point)이 되었다. 이런 거듭남과 신생의 체험을 통과함으로 그리스도인 장공의 삶이 시작되었다.

장공은 화산처럼 솟구치고 형언할 수 없는 영의 기쁨, 곧 성령 내림을 체험한 후 일본 유학을 꿈꾸던 중에 고향 집의 형님에게 끌려서 고향에 갔다. 이유인즉 장공이 서울에서 기독교로 개종한 후 가난과 고난을 '신의 은총'으로 여기며 학업보다는 신앙생활에

---

24 김재준, 『김재준 전집』 18, 405-406; 「제3일」 32호, 26.

더 열심을 낼 즈음 고향의 가족들은 그를 '실패한 인생'으로 판단했다. 1924년 여름, 형이 올라와 데리고 고향으로 내려갔다. 억지로 끌려간 장공은 그것을 가족 전도의 기회로 알고 열심히 전도했다. 하지만 부친은 전보다 더 완강한 자세로 거부했고, 이단 사설에 빠진 아들을 용납지 않았다. 다른 가족과 친척들도 마찬가지였다. 훗날 장공은 당시 자신의 처지를 "이방인 진영에 포로가 된 심정"25, "북새에 귀양 간 충신의 고독"으로 표현했다. 그 이유를 장공은 당신이 '다시 난' 사람이고 '생명의 바탕이' 달라졌기 때문이라고 한다.

장공은 그 무렵에 또 다른 성령 체험을 한다. 고향에 8개 동네가 서당들을 폐쇄하고, 귀낙동에 학교를 세웠는데 장공이 교사로 초빙을 받았다. 장공이 소학교 교육과 함께 주일학교와 예배를 드렸던 것이 말썽이 난다. 동네 어른들은 수군거리기 시작했다. "우리가 소학교육을 하려고 학교를 창설한 것이지 예수쟁이 만들려고 학교 하는 거냐?" 그러나 장공은 밤에도 학교 교실에서 기도하며 혼자 지냈다. 장공은 그때 열심히 전했는데, 듣고 무언가 감동하는 것 같았다고 회상한다. 성령의 직접적인 감화가 듣는 사람들 마음속에 작용한 것으로 생각했다.

여름 초복 날 밤에 동네 청년들이 몽둥이를 들고 예수쟁이 선생을 두들겨 잡는다고 했다. 밤 자정에 장공은 아무것도 모른 채

---

25 김재준, "조약돌 몇 개", 『김재준 전집』 18, 409.

학교 교실에서 혼자 철야기도를 했다. 하숙집 부인이 와서 청년들이 복날에 술에 취해 호미, 방망이 등을 들고 선생님을 욕보인다고 떠드니 속히 피하라고 했다. 장공은 그때 대답했다. "나는 여기서 혼자 밤을 새겠습니다. 그렇게 말한 후, 부인을 귀가시키고 장공은 조용히 묵도하며 때가 오기를 기다렸다. 아닌 게 아니라 고래고래 고함치는 소리가 차츰 가까워진다. 그 순간 나는 황홀할 정도로 가슴이 벅차고 기쁨이 넘치고 즐거웠다. 그 기쁨은 내게서 나오는 것이 아니었다. 성령의 위로였다. 그래서 나는 두 번째로 성령의 충만을 경험했다. 그와 동시에 밖에서 떠들던 소리는 고요해졌다."26 장공은 서울 있을 때 센케비치의 〈쿼바디스〉를 읽은 일이 있었는데, 마치 로마의 카타콤 예배를 연상하게 한 것이었다.

3. 성 프란치스코의 청빈 영성

장공은 진리의 영이요, 사랑의 영인 창조주 하나님의 영을 체험하였고, 옛 인간은 죽고 그리스도 영 안에서 새 사람으로 탄생하는 영적 갱신을 쉼 없이 이어갔다. 이 무렵 장공에게 영성 형성에 가장 큰 영향을 끼친 이는 13세기 아시시의 성 프란치스코였다. 장공은 20세기 초 러시아의 대문호 톨스토이, 도스토옙스키의 책들과 일본의 무교회 신학자 우찌무라와 고베에서 빈민 공동체 운

---

26 김재준, "조약돌 몇 개", 『김재준 전집』 18, 410-411.

동을 전개하던 가가와의 저술을 읽으면서 중생을 체험하고, 예수의 뜨거운 심장에 영적 귀를 기울인 것이다. 특별히 성 프란치스코의 출가(出家) 광경이 장공의 심혼을 움직였다. 무일푼의 탁발승으로 평생을 걸식 방랑한 공(空)의 기록, '공'에 회오리바람처럼 몰려드는 하나님의 사랑, 그것이 퍼져가는 인간과 자연에의 사랑은 장공을 매혹시켰다. 그래서 나도 프란치스코처럼 살아봐야지 하면서 무일푼의 탁발 행각을 꿈꾸기도 하고, 어느 추운 겨울에 거지한테 단벌 외투를 벗어 입혀 보내고는 황혼에 그의 뒤를 몰래 따라가면서 '저이가 혹시 예수님으로 화하지 않나!' 하고 진지하게 기대해 본 적도 있었다고 한다.[27]

장공은 프란치스코에 대한 "예찬의 말씀"이란 원고를 도쿄에 있는 만우에게 보냈던바, 만우는 그것을 읽고 「사명」 지에 실어준 것은 물론이고 장공에게 답장을 보내면서 '장공'(長空)이란 호를 지어 보내주었다고 증언한다. 장공을 통해 프란치스코를 알게 된 만우도 이후 '프란치스코인(人)'이 되어 '성빈'(聖貧)을 삶의 좌표로 여기며 살았다. 장공은 만우에게 프란치스코 책을 보냈던 것을 회고하면서 "내 생각으로는 만우 형이 아시시의 성자와 친하게 된 것은 그것을 계기로 시작된 것이 아닐까 싶습니다"라고 적었다.[28]

이런저런 일들을 회상하면 한국기독교장로회는 본래 프란치스코칸들에 의해서 시작되었다고 할 수 있다. 만우와 장공은 항상

---

27 김재준, 『김재준 전집』 5, 13. 54. 179.
28 김재준, 『김재준 전집』 18, 217.

뜻을 함께하며 사신 어른들이었다. 만약에 만우가 오랫동안 사셨더라면 민주화와 역사 참여의 영성을 발휘하며 함께 걸었을 것이다. 또 한 가지는 러시아정교회 전통에서 자신의 존재를 통해 온유와 겸손, 내면의 평화와 안식 그리고 침묵 속의 기도를 보여 준 세라핌을 서방 교회에서 이와 가장 가까운 성인을 찾자면 아마도 아시시의 성 프란치스코가 될 것이다.[29] 그렇다면 러시아정교회의 영성은 만우, 장공의 영성도 만날 수 있는 경계 지점에 있을 것이다.

이후로 장공은 일생 그의 생활에서 프란치스코의 청빈을 구현하려 노력하였다. 장공은 생애 말년까지 프란치스코에 '빚진 자'의 심정으로 살았다. 주지하는바, 이후 장공은 일본과 미국 유학 시절 고학 생활을 하면서도 귀국 후에 번듯한 '일자리' 없이 경제적 빈곤을 벗어나지 못하고, 이리저리 옮겨 다닐 때 1950년대 보수·근본주의자들로부터 자유주의, 이단 신학자라는 누명과 모함을 받으며 교회 밖으로 추방당하는 시련 속에서도 유념할 바는 군사독재 시절 온갖 탄압과 회유에도 타협하지 않고, 장공 자기의 길을 갈 수 있었던 것은 가난과 고독을 신의 은총으로 여기며 살았던 프란치스코의 '청빈 영성'(poverty spirituality)을 흠모하고, 따라 실천하려는 의지가 있었기 때문에 가능했다.

만우와 장공은 아울러 프란치스코 청빈 영성을 살아내신 프란

---

29 석영중, 『러시아정교』, 137.

치스코칸들이다. 그러한 면에서 언급했듯이 본래 한신(韓神)과 기장 교단(基長敎團)의 신학 언저리에는 프란치스코의 청빈 영성이 흐르고 있음을 기독교장로회 사람들은 잊어서는 안 될 것이다.

4. 역사 참여적 영성

장공은 역사 이해에서 민족문제에 대한 많은 글을 쓰고 있다. 장공은 1974~1983년 기간에 캐나다에 체류하면서 민족의 현실 문제와 민족의 미래 문제에 대해서 깊은 성찰의 시간을 가졌다. 장공은 한국 고대사로부터 근대사에 이르기까지 중요한 사건들을 빠짐없이 해석하면서 중요한 '민족의 자주성'이라는 척도에서 평가한다. 장공은 고구려의 정신을 높이 평가하며 나라의 자주를 위해서 투쟁한 을지문덕, 연개소문, 양만춘 등을 민족정신의 효시로 삼고 있다.

> 이제 생각건대 고구려의 멸망이 그대로 한국인과 한국역사의 결정적인 분수령이 되겠다고 하겠다. 그때부터 우리 민족과 우리 역사는 외세에 눌려 기를 펴지 못하고 위축일로(萎縮一路)를 걸었다.[30]

따라서 신라가 외세인 당나라를 끌어들여 삼국을 통일한 것을

---

30 김재준, "한국인과 한국역사(1)", 『김재준 전집』 12, 376-385.

장공은 매우 부정적으로 평가한다. 함석헌과 친분에서 비롯했을지 모를 일이나 장공의 역사관은 상당히 유사성을 갖는다. 고구려의 멸망과 신라의 삼국통일을 대비시킨 것이나 사대주의와 숙명론 그리고 계급주의를 타파해야 할 민족의 과제로 삼은 것도 유사하다.

장공은 "한국 민족주의의 민주화와 통일 – 한국 민족주의의 인간화와 사회화"라는 글에서 "민족의 알맹이가 무어냐? 그 민족 하나하나가 '알찬 인간'으로 되는 그것이다. 알찬 인간이란 어떤 인간일까? 개인 관계에서는 사랑을 알고 사랑하려는 심정으로 사는 인간이겠고, 사회적으로는 의(義)를 사모하기를 주리고 목마름같이 하는 '의인'일 것이다. 나아가 민족국가의 영광은 민족 성원(Members) 하나하나가 관권(官權)이나 군권(軍權)의 압박에 시달림 없이 자유하면서 바르게 잘 사는 나라 건설에 자진 협동하는 것이 아니겠는가? 이것을 향한 한걸음 한걸음이 인간 해방과 '민족의 민주화 행진'일 것이다"[31]라고 했다.

실제로 3·1 운동에 대한 그의 글에서 우리는 말년의 생각을 엿볼 수 있는 대목을 여럿 발견할 수 있다. 이 땅의 종교들이 함께 했던 3·1 운동을 장공은 사랑과 희생을 실현한 민족의 번제물이라 하였다.[32] 그를 민족의 부활을 위한 십자가로 본 것이다. 왜냐하면 모두가 평등하고 자유로운 주체적 국가를 이루고 그 나라의

---

31 김재준, 『김재준 전집』 12, 202-209.
32 김재준, 『김재준 전집』 18, 315-317.

백성이 되는 것은 그 자체로 그리스도교적이며 진리로 여겼던 탓이다. 나아가 장공은 3·1 운동을 단순히 독립운동만이 아닌 진리 운동이라 하였고, 남북의 허리가 잘려있는 한 그것은 완결된 것이 아닌 진행형이라 믿었다.

장공은 이 땅에서의 정치의 민주화, 인간화를 이루는 것을 복음의 토착화로 여겼다. 이렇게 자유와 평등을 위해 종교의 벽을 허문 3·1 운동의 유산을 장공은 70년대의 민주화 투쟁을 위한 자양분으로 삼았다. 반독재 민주화운동이 교회만이 아닌 전 국민적, 종교적 운동으로 번질 것을 바란 것도 사실이다. 이를 위한 한국교회의 고난을 세계교회의 보편적 고통이라 여기며 '한 몸' 사상을 발전시킨 것도 대단히 의미 깊다.[33]

주지하듯 장공은 본래 구약 신학자였고, 따라서 예언자들의 거룩한 정열에 대한 연구가 깊었다. 예언자들의 '거룩한 정열'은 하나님의 절대 사랑과 공의로우심, 생명을 긍휼히 여기는 마음과 공동체 속에서 정의가 강물처럼 흐르게 한다는 것이 핵심이다. 따라서 하나님 앞에서 인간들이 자유, 평등, 평화, 사랑의 공동체를 이루며, 어떤 국가권력과 왕의 권력, 종교 제도나 종교 의례를 절대시하며 인간을 비인간화시키는 것을 비판하고 저항하는 '우상 타파 정신'이 바로 예언자 정신이다.[34]

장공은 또한 그의 삶 후기에는 기독교 윤리학자로서 강의와

---

33 김재준, 『김재준 전집』 11, 216-217.
34 김경재, 『김재준 평전』 (삼인, 2014), 213.

그 구현에 힘을 써 왔는데 그 배경에 20세기 신학자 중에서 예언자 정신을 시대 상황에서 새롭게 재해석하고 현실 속에 적응시키려 노력한 라인홀드 니버(Reinhold Niebuhr)와 리처드 니버(Richard Niebuhr) 두 형제의 신학 사상에 정통하였다. 20세기 저명한 기독교윤리 사상을 통해 기독교 신앙과 현실 정치와의 관계에 대한 신학적 통찰을 받아들였다.

장공은 개인 그리스도인을 사회에 보내 '정의로운 사회'가 될 것이라는 개인주의적 경건주의 기독교 윤리를 소박한 낙관주의 윤리라고 보았다. 중요한 것은 기독교 신앙 핵심 본질인 성육신 신앙의 진리(요 3:16; 골 2:9-10; 엡 2:14-18)를 어떻게 이해할 것이냐의 문제이다. 그 문제는 결국 교회와 국가, 종교와 문화, 성스러운 것과 속된 것, 영원한 것과 시간적인 것을 어떤 관계로 파악할 것인가의 문제이다.

장공은 리처드 니버의 "그리스도와 문화 변혁설"의 입장을 진지하게 한국에 소개하고 지지하였다.[35] 장공은 '역사 참여의 영성'에 대하여 다음과 같이 말하였다.

> 그리스도인은 한국 역사를 그리스도 역사로 변질시켜 진정한 자유와
> 정의와 화평으로 성격화한 사랑의 공동체를 건설해야 할 것이다. …
> 그러므로 하나님 사랑의 생명, 영으로 다시 난 생명, 거룩한 생명을

---

35 H. 리처드 니버/김재준 역, 『그리스도와 문화』 1965; 김재준, "리처드 니버의 신학과 윤리", 『장공 김재준 논문선집』 (2001), 272-285 참조.

받은 그리스도인은 남과 나와 사회와 국가를 살리는 생명, 더 풍성한 생명의 샘터를 발굴하여 만민에게 생명의 샘물을 제공해야 할 책임이 있다. … 우리가 역사에 대한 관심을 강조하는 것은 세속 역사를 하나님 나라 역사로 변질시키는 운동이다. 그것은 역사 도피도, 역사 소외도 아니고 바로 역사 주역으로 등장하는 방향이다.[36]

장공은 현실 정치의 왜곡된 점을 바로 잡고자 노력하며, 예수님의 가르침 곧 '예'와 '아니오'를 분명하게 함을 성서 말씀을 문자적으로 맹신해서가 아니라 깊은 신학적 지성이 뒷받침되어서 그렇게 살고 행동했음을 알아야 한다.[37]

VII. 결론적인 이야기

동방정교회 영성과 장공의 영성 신학 관계성을 위하여 그것의 만남의 지점은 무엇인가? 장공의 영성은 인간의 자기 초월, 하나님 형성화 작업이라 하겠는데 개혁교회의 이해로는 바울-어거스틴-루터와 칼빈-칼 바르트로 이어지는 영성 신학이다. 초월적인 것, 거룩한 실재에 의해 촉발 당하고 붙잡힘을 받아 발생하는 것,

---

36 김재준, 『귀국직후』, 196, 206, 208; 김경재, 『김재준 평전』, 218에서 김경재는 '성육신적 영성'이라고 주장한다.
37 김경재, 『김재준 평전』, 213.

즉 계시적 체험, 역동적 변화, 자기 초월 경험을 맛보는 것이다. 영성은 이기적 자기 중심성에서 해방되어 진정한 자유인으로서 봉사, 사랑, 참여, 단순성, 생사 초월, 청빈 등 공통적인 삶의 모습을 나타낸다.

동방정교회(러시아) 영성 테오시스(神化, Theosis)는 '하나님의 성품에 참여하는 자'라는 의미이다. 테오시스는 개신교에는 다소 생소한 표현이지만 러시아정교회의 신학적 특징을 드러낸다. 인간이 하나님의 영역으로 고양되는 것, 즉 하나님의 영역으로 상승하는 것을 의미한다. 러시아정교회의 신화의 의미는 하나님과 같이 하나님의 형상으로 창조되는 인간, 하나님의 자녀가 됨, 하나님과 그리스도를 닮아감, 이것을 관상과 자비와 덕과 청빈, 기도, 훈련 등으로 표현하며 구현한다.

회심과 거듭남, 새사람이 되는 과정을 적나라하게 보는 것이 곧 헤시카즘이라 하겠다. 헤시카즘은 원래 그리스어의 '정적'(靜寂, hesychia)에서 유래한 말이다. 헤시카즘 영성의 궁극적 목적은 신의 인식이나 신에 대한 관상이 아니라, 팔라마스(Gregory Palamas)에 의하면 헤시카즘의 실천자는 하나님의 본질로부터 나온 하나님의 힘(energeia)에 의해서 지상에서도 신의 직관에까지 이르는 것이 가능하다고 한다. 이것을 위해 헤시카스트는 우선 속세의 혼잡을 피해 내적, 외적인 정적 속에 잠심하고, 부단히 호흡하는 중에 예수의 이름을 부르며, 영혼, 정신, 육체가 하나로 통일되는 마음으로 기도를 바치고, 일체 상상에 대해 주의하고 경계하며,

모든 생각을 공허하게 하고, 자신과 인간의 죄와 인간 무상을 슬퍼하며, 모든 덕을 몸에 익혀 번거롭지 않은 마음(apatheia)을 확립한다. 이러한 준비적인 단계를 거쳐 마지막 단계에 도달하면 하나님은 이미 관상의 대상에서 벗어나게 되며 관상자 자신은 삼위일체인 신의 생명 속으로 온전히 몰입해서 하나님의 직관에 도달하게 된다.38

1970년대 초 루터교회와 러시아정교회와의 대화는 매우 중요한 계기를 제공했다. 이 만남을 필두로 루터의 '의인론'은 다름이 아니라 초대교회 교부들을 통해 내려오는 그리스도교 영성의 핵심인 '하나님의 성품에 참여하는 삶'에 대한 종교 개혁적인 응답이요 표현이었음이 밝혀지기 시작했다.39

2016년 2월 '천년만의 만남'으로 전 세계는 프란치스코 교황과 키릴 러시아정교회 교종이 쿠바에서 만나 30개 항목에 대해서 공동합의문을 발표했다. 그 내용은 21세기 현대 고통받는 모든 하나님의 백성의 구원과 세상의 평화를 위해서 가톨릭교회와 러시아정교회가 하나의 신앙으로 협력하자는 것이다.40

---

38 석영중, 『러시아정교』, 55-56.
39 정승훈, "종교개혁과 영성", 『종교개혁과 21세기』(대한기독교서회, 2003), 82.
40 키릴 교종/강영광 역, 『자유와 책임』(대한기독교서회, 2016), 269.

참고문헌

강태용.『동방정교회 -역사와 신학』. 홍익재, 2010.

곽승룡.『비움의 영성』. 서울 : 가톨릭출판사, 2004.

김경재.『김재준 평전』. 삼인, 2014.

디모데 웨어/이형기 역.『동방정교회의 역사와 신학』. 한국장로교출판사,
        2008.

박찬희.『동방정교회 이야기』. 신앙과지성사, 2012.

석영중.『러시아정교. 역사·신학·예술』. 고려대학교출판부, 2007.

장공 김재준목사 기념사업회,『김재준 전집』. 1992.

_____.『장공 김재준의 신학세계 2』. 한신대학교출판부, 2016.

_____.『장공 김재준의 신학세계』. 한신대학교출판부, 2006.

카 E. H./유강은 역.『러시아 혁명 1917-1929』. 이데아, 2017.

키릴 교종/강영광 역.『러시아정교회 키릴 교종의 자유와 책임』. 대한기독교서
        회, 2016.

Solzhenitsyn, A. *Nobel Lecture*. N.Y.: Farrar, Straus and Giroux, 1972.

러시아정교회 영성과
혜암의 순례자 영성*

I. 서론적인 이야기

서기 988년에 동방 교회의 교리와 전례를 통해 러시아에 전래된 그리스도교는 이후 약 1천 년 동안 러시아 민족의 정신구조를 형성하고, 지배하는 압도적인 요소가 되어왔다. 포괄적인 의미에서 러시아 정신은 그리스도교와 불가분의 관계를 맺으며 러시아 고대 및 중세 문화가 전적으로 종교적이었고, 문화의 세속화가 이루어진 17세기 이후에도 무신론을 표방하던 구소련에서도 정교 신앙은 민족성의 일부로서 삶과 문화의 방향을 조성하는 내적인 조타수의 역할을 하였다.

---

* 이 글은 「신학과 교회」 제13호 (2020년 여름), 혜암 이장식 교수 100세 기념호에 발표한 내용이다.

러시아정교 신앙의 핵심인 수도승들의 영성은 역사적 흐름과 그 신학적 본질 그리고 신앙의 지상적 표징인 성당과 이콘은 상호 연관되는 가운데 아름다움과 진리와 선함이 장엄하게 어우러진 삶, 러시아인들이 1천 년 동안 가슴에 지녀왔던 삶의 이상을, 더 나아가 정신적인 가치에 관해 재고해 볼 기회를 갖게 할 것이다. 본 과제는 '러시아정교회 영성과 혜암의 순례자 영성'에 대한 만남의 시론이다. 정교회 영성과 혜암의 영성의 만남의 지점, 향후 한국교회의 영성은 그리스도교(로마 가톨릭, 개신교, 동방정교)를 아우르는 방향이었으면 하는 바람에서다.

II. 예배의 아름다움

동방정교회 예배는 헬라적 상상력에 의해 그 형태가 이루어졌으며 수많은 상징이 사용되었다. 동방 교회는 서방 교회 '미사' 대신에 '성찬예배'라고 부른다. 동방정교회 예배는 오랜 역사적 변천 과정을 거쳐 오늘날에 이르렀다. 예전의 기본적 핵심은 그리스도와 사도 시대로부터 여러 세기를 지나는 동안 첨가되면서 9세기에 와서 최종적으로 기본형태가 만들어졌다. 성찬예배는 복음 중심의 삶에서 얻는 심오한 기쁨을 표현하고 느끼는 현장이다.

예배란 하나님과 인간과의 만남이다. 개인이 아닌 같은 믿음을 가진 신앙 공동체가 말과 행위로 하나님과 교제하는 것이다.

따라서 예배는 단합된 하나의 소리로서 공동체를 영적으로 끌어올려 창조주 하나님과 교제하게 한다. 이 만남을 통해 하나님은 인간을 죄와 죽음에서 구원하시며 우리에게 영원한 생명을 허락하고, 하나님 나라를 '지금 여기에' 현존케 한다.[2]

9세기경부터 러시아의 공후들은 간헐적으로 세례를 받았고, 실제로 키예프 루스 전체가 그리스도교로 개종한 것은 988년이었다. 당시 키예프 루스의 통치자였던 블라디미르(Vladimir) 공후는 987년에 러시아 땅에 종교를 전해주려는 주변 국가들의 사절단을 접견하였다. 처음에 온 사절단은 이슬람을 믿는 볼가강 유역의 불가르족이었다. 공후는 이슬람의 내세에 대해서는 호기심을 보였지만 이슬람 신도는 음주를 할 수 없다는 말을 듣고 "술은 러시아인들의 기쁨이니, 그런 기쁨 없이는 살 수가 없도다"라고 탄식하였다. 그다음에는 로마 가톨릭을 믿는 게르만인이 와서 자기네 종교를 선전하였고, 그다음에는 또 유대교를 믿는 하자르인들이 공후를 알현하였다. 유대교에 관한 설명을 듣고 공후는 "당신들은 하염없이 방황할 운명을 타고났나 본데, 우리더러 그런 운명을 받아들이란 말이오?"라고 외치면서 고개를 저었다. 마지막으로 그리스인들이 찾아와 동방정교의 원리를 전해 주자 공후는 그들의 박식함에 탄복하였다.

블라디미르는 귀족과 원로들의 간언에 따라 각 지역에 현자를

---

2 박찬희, 『동방정교회 이야기』, 137-142.

파견하여 각 종교의 예배 의식을 직접 눈으로 보고 오라 명하였다. 공후의 명을 받들어 여러 지역을 돌아보고 온 현자들은 이슬람 예배에는 슬픔만이 있었고 가톨릭 미사에서는 영광을 찾아볼 수 없었노라고 아뢰었다. 그러나 그들은 콘스탄티노플(러시아인들은 당시 콘스탄티노플을 '짜르그라드[Tsargrad]', 즉 '황제의 도시'라고 불렀다)의 성 소피아 대성당(Higia Sophia)에서 만여 개의 촛불이 휘황찬란하게 밝혀진 가운데 성대하게 거행된 예배 의식을 참관하고 돌아와서는 다음과 같은 말로써 동방정교를 찬미하였다.

"소신들은 천국에 있는지 지상에 있는지 알 수가 없었나이다. 지상에는 그러한 광휘와 아름다움이 있을 수가 없기에 제대로 묘사할 바를 모르겠나이다. 다만, 그곳에서는 신께서 인간들과 함께 거하신다는 것 그리고 그 사람들의 예배 의식은 다른 민족의 예배 의식보다 더 아름답다는 것은 말씀드릴 수 있습니다. 소신들은 그 아름다움을 잊을 수가 없나이다."[3]

현자(사신)들의 말에 감동을 받은 블라디미르는 이듬해 988년에 세례를 받았고, 키예프 루스의 국교는 동방정교임을 만천하에 선포하였다. 그리하여 이후 천여 년 동안 러시아인들의 정신을 지배하게 될 영성의 씨앗이 뿌려지게 되었다.[4]

러시아가 동방정교를 받아들인 것은 무엇보다도 그 예배 의식

---

3 석영중, 『러시아정교』, 16-17; 맥구킨, 『비잔틴 전통의 성인』, 137-142.
4 석영중, 『러시아정교』, 18. 키예프 루스는 강력한 공국으로 성장하였으며 오늘날의 러시아의 모태가 되었다.

의 아름다움 때문이었다. 블라디미르는 종교의 원리나 종교에 내포된 사상 혹은 교의가 아니라 감각적인 아름다움에 매료되어 자신과 국가의 종교를 결정했다. 동방정교는 로마 가톨릭보다 상대적으로 덜 교의적이고, 덜 체계적이라는 것이 일반적인 견해이다. 사실 동방정교는 따지고, 논하고, 분석하기보다는 관상하고, 전존재로 체험하는데 더 큰 비중을 두었다. 러시아인에게 하나님은 진리와 믿음의 신일 뿐 아니라 아름다움의 신이었고, 신앙이란 곧 아름다움이라는 등식이 그들의 마음속에 각인되었다. 아름다움은 곧 진리였으며 진리는 곧 선한 것이었다. 진선미(眞善美)의 합일은 그들에게 있어서 어떤 논리적인 근거나 이론적이고 사변적인 신학을 요구하는 것이 아니었다. 전 우주적인 존재의 이상과 자연스럽게 하나가 되어 오늘날까지 러시아의 장인과 화가와 시인들의 가슴 속에서 반향하고 있다. 예술은 신의 선물이며 인간은 아름다움을 통해 신과 교감할 수 있다는 확신은 수 세기 동안 이어져 온 러시아 문화의 전통이다.[5]

따라서 우리가 감히 진단해 볼 수 있는 것은, 예배의 아름다움, 신앙과 아름다움의 합일은 하나님을 찬미하는 중세 문학 작품과 찬란한 이콘과 장엄한 성가, '미(美)가 세상을 구원하리라'는 러시아 문화와 예술 전체를 아우르며 1천여 년 동안 면면히 지속되어 온 영성이라 할 수 있다.

---

5 석영중, 『러시아정교』, 19-20.

1. 그리스도교 수용의 의미

그리스도교를 국교로 채택한 것은 키예프 루스의 장기적인 발전과 루시의 백성들 개인에게도 중대한 영향을 미쳤다. 그리스도교의 수용은 러시아인 선조들의 생활과 관습을 바꾸었다. 교회는 슬라브족과 새 종교를 화해시키기 위해 이교의 축일을 어느 정도 보존했다. 그러나 교회는 제물을 바치는 의식, 일부다처, 혈투, 이혼 그리고 다른 이교의 관습을 단호히 금지했다. 교회는 가난하고 불쌍한 사람들에 대한 도움을 호소했다.[6]

키예프 루시의 그리스도교 수용은 문화의 발전, 고대 문헌, 건축, 예술의 기념비적인 걸작들의 창조를 촉진하였다. 고대 러시아 국가의 국제적인 입지도 본질적으로 변화했다. 고대 러시아 국가는 유럽의 그리스도교 국가군(群)에 끼게 되었다. 비잔틴 제국과의 가장 긴밀한 관계가 확립되었다. 동시에 비잔틴 제국은 키예프 루시에게 가장 강한 영향을 미쳤다. 블라디미르의 대공의 통치시대에 고대 루시는 강력해졌다. 그리스도교 수용은 루시인들의 관습과 풍습을 변화시켰고, 문화의 발전을 촉진시켰다.

그리스도교 수용과 더불어 특별한 사회계층인 성직자 계층이 등장했다. 콘스탄티노플에서 파견되어 온 대주교가 고대 루시 국가의 교회의 수장이 되었다. 그의 거처는 키예프에 있는 성소피아

---

6 다닐로프 · 코술리나 공저/문명식 편역, 『새로운 러시아 역사』 (신아사, 2015), 제2장 9~12세기 전반부의 고대 루시 국가, 35-48.

성당이었다. 대주교에 예속된 주교들이 다른 지역의 교회들을 관장했다. 성직자는 백색과 흑색의 옷으로 구분되었다. 도시와 농촌의 교회에서 봉직했던 성직자는 하얀색 옷과 관련이 있었다. 흑색의 옷을 입은 성직자는 수도원에서 거주하였다. 수도승들은 속세의 편리함을 거절하여 기도와 노동으로 매우 가난하게 살았다.7

2. 비잔티움 문화의 토착화

일반 역사가들의 사관에서 드러났듯이 블라디미르가 동방정교를 선택했기 때문에 러시아와 비잔티움 제국의 연계는 불가피한 것이 되었다. 블라디미르는 개종과 함께 비잔티움 황제 로마노스 2세(Romanos II)의 여동생 안나를 아내로 맞이하였으며 비잔티움 제국의 문화를 수용하기 시작했다. 개종 이전의 키예프 루스는 서유럽과 비교적 활발한 접촉을 하고 있었지만, 비잔티움의 종교를 수용하게 되면서부터, 특히 1055년에 동방 교회와 서방 교회가 완전히 분리되면서 서유럽과의 교류는 자연스럽게 약화하였다. 그러던 차에 13세기에 몽고의 침략을 당하자 러시아는 서유럽으로부터 완전히 단절되었다.

러시아는 수 세기 동안 서구적인 관점에서 볼 때 낙후되고 미개한 국가였다. 실제로 상당히 오랜 기간 18세기 고전주의 시대에

---

7 다닐로프 · 코술리나, 『새로운 러시아 역사』, 48.

이르기까지 러시아는 서구 문명의 원천인 그리스, 로마 문명과 단절된 무지의 암흑 속에 고립되어 있었다. 그러나 이러한 지적 빈곤 속에서 독특하게 러시아적인 영성이 뿌리를 내리고 꽃을 피웠다. 러시아인들은 비잔티움의 그 복잡하고 화려한 문화를 단순화시켰으며, 비잔티움 그리스도교의 형식주의 그리고 그 형식주의가 불가피하게 내포하는 자가당착적인 측면을 재해석하여 소박하고 따뜻하며 인간적인 신앙을 빚어냈다. 러시아인들은 비잔티움 그리스도교를 '토착화'했다.

'토착화'된 비잔티움 종교는 블라디미르의 행위에서부터 드러난다. 블라디미르는 인간적인 향락을 즐기는 호탕한 성격의 군주였다. 그는 호식가이며 궁궐은 항상 주연으로 떠들썩했으며 8백 명에 이르는 처첩들의 향내가 진동했다. 그리스도교는 공후를 변화시켰지만, 이 변화가 방탕에서 금욕으로의 변화를 의미하지는 않는다. 그러나 인생을 즐기는 그의 마음은 고행이나 극기와 같은 수동적인 신앙 행위가 아닌 나눔과 베풂의 적극적인 행위로 기울어졌다. 그는 가난하고 굶주린 백성들을 위해 성대한 주연을 베풀고 맛있는 음식을 이웃과 나누어 먹음으로써 그리스도의 가르침을 실천했다. 빈민을 위한 구제소가 세워졌고, 고아와 과부들에게는 각별한 관심이 기울여졌다. 블라디미르 공후의 쾌락주의는 소박한 러시아적인 해석을 거치면서 비잔티움식 그리스도교보다 훨씬 강력한 사랑과 자비의 법을 만들어낸 것이다.

사랑을 실천하라는 말씀을 이 소박한 군주는 특별한 교리교육

없이도 거의 본능적으로 실천에 옮겼다. 도스토옙스키가 소설
〈카라마조프가의 형제들〉에서 강조하는 '실천적 사랑'은 러시아
의 초기 그리스도교 시대로 거슬러 올라가는 사랑의 전통을 요약
해 준다. ─ "이웃을 실천적으로 그리고 끊임없이 사랑하려고 노
력하십시오. 그 사랑이 성공을 거두게 되면 신의 존재도, 자기 영
혼의 불멸도 확신하게 될 것입니다. 이웃 사람들에 대한 사랑이
완벽한 자기희생에 이르게까지 된다면 그때는 틀림없이 확신을
얻게 되고 또한 어떤 의혹도 당신의 영혼 속으로 찾아들지 못하게
됩니다. 이것은 경험을 거친 분명한 사실입니다."[8]

그 외에 그리스도교는 슬라브인들의 강력한 친족 의식과 결합
하여 지극히 러시아적인 공동체 신앙을 만들어냈다. 고대 슬라브
인들은 자기네 종족을 항상 거대한 한 가족으로 생각했다. 혈연애
의 집착은 부정적인 의미에서 집산주의 파생과 개인의 자유에 대
한 경시를 초래할 수 있지만, 러시아의 경우 그것은 그리스도교
정신의 발아를 위한 자양분이 될 수 있었다. 혈연 중심의 사회에서
정교회 예배 의식은 화기애애한 가족 모임이었으며, 군주에서부
터 가장 미천한 자에 이르기까지 모두가 그리스도 앞에 형제처럼
설 수 있는 평등의 장이기도 했다. 러시아 그리스도교는 처음부터
생태적인 공동체 의식을 바닥에 깔고 있었기에 그리스도교적인
형제애는 훗날 러시아가 광대한 제국으로 성장했을 때 모든 부류

---

8 석영중, 『러시아정교』, 27.

의 사람들을 하나로 뭉쳐줄 수 있는 강력한 내적인 힘이 되었다.

공동체 정신은 종교와 민족성이 어우러져 생겨난 개념으로 러시아 역사의 단계마다 그 위력을 발휘하면서 문학과 예술과 사상의 방향을 주도했다. 그것은 러시아의 정체성과 자긍심을 규정지어 주는 근본적인 개념이고 또한 러시아의 구원을 보장해 주는 도덕적 토대였다. 하나님의 창조 세계, 모든 피조물이 하나 되어 구원의 여정을 함께 걸어간다는 그 함축된 의미는 종교와 이데올로기의 벽을 넘어서 순수한 휴머니즘으로 승화될 수 있기 때문이다.9

러시아정교회는 처음부터 '자비와 연민'(우밀레니에, umilenie)이라는 감정을 강조했다. '우밀레니에'는 우리 말로 대략 '겸손', '온유', '부드러움', '연민', '자비', '순명' 등의 개념을 모두 포함한다. 그리스도를 본받아 온유의 순명의 길을 간다는 것은 신앙인이 오를 수 있는 최고의 경지이다. 이 순명의 정신은 러시아적인 영성의 특수성을 말해준다.

3. 모스크바 시대 – 제삼의 로마

14세기 말부터 몽고 타타르의 압제는 점점 힘을 잃었고, 거기에 맞추어 모스크바의 권력은 점점 강화되었다. 1480년 러시아는

---

9 석영중, 『러시아정교』, 29.

몽고의 굴레에서 해방되어 모스크바를 중심으로 하는 단일한 국
가로 다시 태어났다. 국호 또한 루스에서 러시아란 이름으로 변경
되었다.

'모스크바 - 제삼의 로마'설은 비잔티움 제국이 멸망하고 러시
아가 몽고의 압제에서 완전히 해방된 시점에서 흘러나왔다. 여기
서 요점은 터키(이슬람)에 의한 콘스탄티노플의 함락(1453년)이 러
시아의 몽고 타타르 지배의 종식(1480년)과 대략 시기적으로 일치
했다는 점이다. 러시아인들에게 이 두 사건은 자연히 서로 관련된
것으로 여겨졌다. 비잔티움에서 이슬람이 정교회에 대해 승리한
것과 같은 시기에 러시아에서는 반대의 사건, 즉 이슬람에 대한
정교회의 승리가 이룩되었다는 것이다.[10]

러시아의 역사에서 '가장 흥미로운 교리'는 모스크바를 제삼
의 로마(the Third Rome)라고 부른 것이다. 이 교리의 창안자 필로
테우스(Philotheus)는 프스코프의 수도원장으로 1510년에 바실리
3세에게 쓴 편지에서 세 곳의 로마를 묘사했다. "고대 로마교회는
이단자들 때문에 몰락했고, 콘스탄티노플 교회는 불신자들에 의
해서 무너졌고, 마지막 바실리 3세의 차르 영토에 있는 교회는
태양처럼 온 세상을 비추게 될 것이었다. … 왜냐하면 두 곳의
로마는 몰락했지만, 셋째 것은 서 있으며, 넷째 것은 없을 것이기
때문이다."[11]

---

10 석영중, 『러시아정교』, 76-77.
11 니콜라스 V. 라자놉스키 · 마크 D. 스타인버그/조호연 역, 『러시아의 역사』 상

주변국의 멸망과 러시아의 상대적인 융성, 종교적 독립성과 중앙집권체제의 확립 등은 15세기 중반부터 모스크바의 위상을 드높여 주었고, 모스크바야말로 그리스도교 수호의 마지막 보루라는 생각을 자연스럽게 유포시켰다. 그것은 군주들에게는 무력 외교와 폭정을 합리화시키는 지배 이데올로기를 제공해주었으며, 민중들에게는 선민사상을 심어 주었다. 강력한 국가상을 원했던 위정자들은 '제삼의 로마'설에서 정권 수호를 위한 편리하고도 만만한 이론적 지지대를 발견했고, 그것은 결국 부정적인 의미에서 신정정치로 이어졌다. 비잔티움에서 계승한 황제교황주의(Caesaropapism)와 250년간 몽고 지배를 받으면서 누적되어 온 민족적 열등감에 '모스크바 – 제삼의 로마' 이론이 더해지면서 기형적인 전제정치와 제국주의 기반이 다져졌다.[12]

'모스크바 – 제삼의 로마' 이론은 다양한 변주와 증폭을 거치면서 독특하게 러시아적인 메시아니즘의 창출에 기여했다. 모스크바를 진정한 최후의 지상 왕국으로, 신예루살렘으로 고양시키려는 순수한 그리스도교적 의지는 수난과 극기의 자기비움으로 이어졌다. 또 러시아가 구원의 선봉에 서 있다는 생각은 수 세기 동안 러시아인들을 온갖 고난과 시련으로부터 지켜줄 수 있었다. 그들에게 조국은 신의 선택을 받은 지상의 마지막 왕국이었고,

---

(까치글방, 2013), 186.

12 석영중, 『러시아정교』, 81-82. 모스크바 전제 정권의 기묘한 특징은 교회와 국가가 지나치게 밀착되어 있다는 데서 비롯되었다.

그것을 지키는 것이야말로 그리스도인들의 거룩한 소망이었다.

4. 페테르부르크 시대

페테르 대제(Peter Velikii, 1672~1725)는 정력적이고 야심만만한 젊은 황제로 개혁의 칼날을 휘둘러 행정부와 군대와 교회에서부터 문화와 교육과 일상생활과 예의범절에 이르기까지 러시아의 모든 것을 완전히 바꿔 놓았다. 황제의 선도하에 서구의 문물을 흡수하여 대 혼돈기 이후 시작된 서구화의 완벽한 결실을 보게 되었다. 이 때문에 러시아 역사를 크게 페테르 이전과 페테르 이후로 분리하여 보는 것이 오늘날까지 관례처럼 되어 있다.

그가 감행한 페테르부르크의 건설은 교회의 역사와도 불가분의 관계를 맺고 있다. 페테르는 1703년 스웨덴군을 격퇴하기 위해 핀란드만으로 흘러가는 네바강 하구의 삼각지에 요새를 구축하고, 그것을 시발점으로 하여 거대한 도시를 건설했다. 이 도시는 '페테르의 도시'라는 뜻에서 '페테르부르크'라고 불리게 되었고, 건설자 황제는 1712년에 수도를 모스크바에서 '페테르부르크'로 옮김으로써 역사에서 페테르부르크 시대라는 새로운 장을 열었다.

페테르부르크로의 천도는 그동안 러시아국의 지배 이데올로기였던 '모스크바 – 제삼의 로마'설을 완전히 뒤집어 놓았다. 새 수도 페테르부르크를 '제삼의 로마'로 신격화시키기 위해서 그동안 로마의 후예로 러시아 제국의 신정 중심을 차지해 왔던 모스크바는 이제 '가짜' 로마로 격하될 수밖에 없었다. 모스크바가 제삼의 로마가 되기 위해서 교회의 조력이 필수적이었다면, 페테르부르크가 제삼의 로마가 되는 데 교회는 오히려 걸림돌이었다. 교회는 너무나도 깊숙이 모스크바와 관련되어 있었고, 그렇기 때문에 교회가 아닌 국가의 권위가 페테르부르크에 새로운 신성을 부여해야 했다. 화강암과 대리석으로 우아하게 단장한 페테르부르크는 이제 당당하게 제삼의 로마로 부상했지만, 그것은 종교적 의미에서가 아니라 무한한 국가권력이라는 의미에서였다.

페테르부르크는 '황제 페테르의 도시'를 의미하지만, 그와 동시에 '사도 베드로의 도시'(Saint Petersburg, 베드로는 러시아어로 페테르가 된다)를 의미한다. 페테르 대제는 자기가 창건한 도시에 '사도 베드로'의 신성을 부여하기 위해 도시의 설계에서부터 성당의 건축에 이르기까지 매사에 로마의 수호성인인 베드로의 상징성을 되살리는 데 주력했다. 사실 '교회의 반석'인 베드로 사도의 '돌' 이미지와 온통 돌로 이루어진 페테르부르크는 아주 잘 어울렸다.

그런데 문제는, 사도 베드로의 신성 그 자체가 도시에 부여된 것이 아니라 도시의 건설자 황제가 사도의 위상으로 격상되었다는 데 있었다. 즉 황제는 사도와 동일선상에 오름으로써 합법적으로 국가와 교회를 마음껏 쥐고 흔들 수 있었다. 매우 아이러니하게도 페테르부르크 시대 러시아를 세속화시키고 유럽화시키는 데 가장 중요한 도구가 되었던 것은 러시아정교회였다. 정교회를 등에 업은 거룩한 사도 베드로의 도시 이면에는 현실적인 인간 페테르가 모든 것을 조종하고 있었다. 황제는 러시아 민족의 영성을 제대로 이해하고 있었기 때문에 그것을 전면적으로 압살하기보다는 영성의 탈을 쓰는 쪽을 선택했다. 민중 앞에 나타난 황제는 사도였고 그리스도였으며, 황제가 세운 도시는 제삼의 로마였고 새로운 예루살렘이었다. 그러나 신앙의 수호자들에게 그는 뒤집힌 사도였으며, 페테르부르크는 마지막 로마가 아닌 마지막 바빌론이었다. 페테르부르크가 갖는 가장 근원적인 이중성은 바로 여기에서 기인한다.[13]

반드시 기억할 것이 있다. 1917년 볼셰비키 혁명은 러시아정교회의 행로를 완전히 바꿔 놓았다. 새로 출범한 소비에트 연방 공화국은 "종교의 철폐는 인민의 진정한 행복을 위한 필수 불가결한 조건이다"(마르크스)라고 단언했다. 종교는 신이 없는 낙원을 건설하려는 볼셰비키들에게 장애가 되고, 잠정적인 위험 세력이었다. 그들은 러시아 역사의 중요한 시기에는 언제나 교회가 중심에 있었다는 것을 잘 알고 있었다. … 지상의 천국을 꿈꾸는 자들에게 둘러싸인 20세기 러시아 교회는 끊임없이 절멸의 위협과 맞서 싸우며 힘겨운 생존을 유지해 나가야 했다. 러시아가 그리스도교를 받아들인 이후 그토록 조직적이고 집요한 교회 탄압은 일찍이 한 번도 없었다. 호전적인 몽고의 칸(汗)들도, 모스크바의 저

---

13 석영중,『러시아정교』, 106-112.; 다닐로프·코술리나,『새로운 러시아 역사』, 269-282 참조.

권위적인 짜르들도, 교회 세속화의 선봉장이었던 페테르 대제도 공산주의 지도자들처럼 그토록 파괴적으로 교회를 증오하지는 않았었다.[14]

III. 수도승(원)의 영성

러시아의 수도 생활(monasticism)은 키예프 시대에 시작되었다. 러시아 최초의 수도원은 1051년에 창건된 키예프 동굴 수도원이다. 동굴 수도원은 수도승들의 묘소로도 사용되었다. 낮은 온도와 습도의 절묘한 결합 덕분에 시신이 오래 손상되지 않았기 때문이다. 이곳의 수도승 중 많은 이가 사후에 성인의 반열에 올랐다.

정교회력에 포함된 성인(聖人) 중 1백 명 이상이 이 수도원 출신이었다고 하니 고대 러시아에서 동굴 수도원의 역할이 얼마나 컸는지 짐작할 수 있다. 러시아 수도원은 영성의 중심지이며 교육과 문화의 중심지였다. 이콘 화가들과 무수한 종교 서적들이 이곳에서 번역되거나 창작되었다. 동굴 수도원을 필두로 러시아 전역에 수도원이 생겨났다. 그것은 19세기에 이르기까지 러시아 작가와 예술가들에게 영감을 제공해주었는데, 도스토옙스키가 그 수도

---

14 카, 『러시아 혁명 1917-1929』, 327. 역사가 카는 스탈린과 레닌의 연속성을 인정하면서도 레닌의 국가주의와 마르크스주의, 평등주의를 스탈린의 민족주의와 권력욕 피상적인 사회주의와 구별한다. 석영중, 『러시아정교』, 176-177.

원을 방문한 뒤 거기서 받은 감동을 토대로 〈카라마조프가의 형제들〉을 썼다.

키예프 루스 시대에는 창작문학도 활발하게 쓰였다. 이 시기 창작문학의 장르는 연대기, 성자전, 교훈서 등으로 대별된다. 그 문학은 단순하고 소박하지만, 거기에는 영원에 대한 항구한 지향이 담겨있어 오늘날까지도 숙연한 마음을 불러일으킨다.[15]

1. 헤시카즘

14세기에 성산(聖山) 아토스에서 발칸 반도와 동슬라브 지역까지 확산된 '헤시카즘'(Hesychasm)은 러시아 수도원의 성장을 가져온 요인이었다. 헤시카즘은 원래 그리스어의 '정적'(hesychia)에서 유래한 말로, 그 전통은 완전한 고독에서 신앙생활을 하던 4세기의 은수자들로 거슬러 올라가지만, 신비주의 운동으로서 절정에 이른 것은 그레고리우스 팔라마스(Gregory Palamas, 1296~1359)[16]에 의해서였다. 헤시카스트들은 철저한 고행과 기도와 관상을 통해 그리스도가 타볼산에서 거룩하게 변모할 당시 제자들의 눈에 비쳤던 천상의 빛을 볼 수 있다고 믿었다. 하나님의 '창조되지 않은 빛'을 본다는 것은 인간이 신과 접촉할 수 있는 최고의 경지로, 이 시점

---

15 석영중, 『러시아정교』, 41-49.
16 존 메이엔도르프/박노양 역, 『헤지카즘의 신학자 성 그레고리우스 팔라마스』 (정교회출판사, 2019), 91, 134.

에서 인간의 영적 성숙은 완성된다는 것이다.

헤시카즘 영성의 궁극적 목적은 신의 인식이나 신에 대한 관상이 아니다. 그레고리우스 팔라마스에 의하면, 헤시카즘의 실천자는 하나님의 본질로부터 나온 하나님의 힘(energeia)에 의해서 지상에서도 신의 직관에 이르는 것이 가능하다고 한다. 이것을 위해 헤시카스트는 우선 속세의 혼잡함을 피해 내적, 외적인 정적 속에 잠심하고, 부단히 호흡하는 중에 예수의 이름을 부르며, 영혼, 정신, 육체가 하나로 통일되는 마음으로 기도를 바치고, 일체의 상상에 대해 주의하고 경계하며, 모든 생각을 공허하게 하고, 자신과 인간의 죄와 인생무상을 슬퍼하며, 모든 덕을 몸에 익혀 번거롭지 않은 마음(apatheia)을 확립한다.

헤시카스트 박사 팔라마스는 이런 질문을 던진 후 대답한다. 예수 그리스도의 위격 안에 있는 빛, 성령의 영광을 알 수 있게 해주는 성부 하나님의 빛을 질그릇 안에 다시 말해, 우리의 몸 안에 가졌는데, 하물며 우리가 이 육신 안에 우리의 영을 가진다고 한들, 그것이 과연 영의 고귀함을 깎아내리는 것이겠는가? 몸 안에 있는 영으로부터 오는 영적 기쁨은, 몸과 하나가 되었다 해서 조금이라도 손상되는 것이 아니다. 오히려 그것은 몸을 변화시키고 영적으로 만들어준다. 왜냐하면 몸은 육의 약한 욕망을 거부하고 더이상 영혼을 아래로 끌어내리지 않으며, 오히려 영혼과 함께 상승하여 "영에서 태어난 자는 영이다"(요 3:6, 8)라는 말씀처럼 인간 전체가 영이 되게 하기 때문이다.[17]

이렇게 팔라마스의 사상은 헬레니즘의 정신주의적 경향이 항상 멸시해 오던 물질을 복귀시킨다. 그는 '영'($\pi\nu\varepsilon\acute{v}\mu\alpha$), '영혼'($\varphi\upsilon\varkappa\eta$), '몸'($\sigma\omega\mu\alpha$), '육'($\sigma\alpha\rho\xi$)과 같은 신약성경 용어의 고유한 의미를 재발견한다. 이 용어들은 결코 영적인 것을 물질과 대립시키지 않는다. 그것들은 오직 초자연적인 것과 창조된 세계를 대립시킬 뿐이다. 하나님은 자신의 은총을 주심으로써 인간 전체, 즉 몸과 영혼 모두를 구원하신다.

2. 러시아의 헤시카스트 전통

헤시카즘은 14세기 말 발간 지역이 터키 수중에 떨어지자 그 지역을 탈출한 수도승들을 통해 러시아에 전파되었다. 헤시카스트들이 강조했던 기도와 영적 수련은 러시아 수도승들의 영성을 자극했고, 무수한 수도원이 세워지는 데 박차를 가했다. 헤시카즘은 당시의 수도승들에게 막대한 영향력을 행사했을 뿐 아니라 그 후에도 오랫동안 러시아적 영성의 한 부분으로 남아 있었다. 러시아 헤시카즘의 전통은 이론적이고 신학적인 저술이 아닌, 이콘 화가와 장로들, 거룩한 은수자들과 작가들의 삶과 작품을 통해 19세기까지, 아니 오늘날까지 이어져 내려오고 있다.

19세기 러시아의 영적 지도층은 아토스 성산의 혁신된 헤시카

---

17 메이엔도르프, 『헤시카즘의 신학자』, 144-145.

스트 전통을 다시 불러일으켰고, 이 헤시카즘이 새로운 세상과 정교회 전통을 이어주는 생명줄임을 발견했다. 헤시카스트 수도 운동의 부흥의 물결 속에서 아주 예외적인 중요성을 가진 두 가지 현상이 결부되어 있다. 하나는 옵티나(Optino) '스타레츠'의 연속 적인 등장이고, 또 다른 하나는 근대 정교회 대(大)성인 중 독특하 게도 혼자 동떨어져 있던 사로프의 세라핌 성인의 존재다.

16세기의 옛 은수처 옵티나(Optino)는 17세기 말부터 거의 버 려진 상태였다. 1821년 수도승들이 옵티나의 은둔 수도처를 발견 하고 '세례자 요한의 침수 기념 은수처'를 새로 세웠고, 바로 이때 부터 옵티나의 '스타레츠'들은 전 러시아에서 명성을 얻게 되었다. 스타레츠는 영적 성숙자이며 예언자적 사역을 하였다. 도스토예 프스키는 소설 〈카라마조프가의 형제들〉에서 옵티나의 스타레 츠의 형태와 분위기를 세밀하게 묘사했다. 사실 소설 속의 조시마 원로라는 인물은 당시 옵티나의 유명한 스타레츠 암브로시오스 를 묘사한 것이었다.[18]

우리가 주목할 사라프의 세라핌(Serafim Sarovskii, 1759~1833) 성 인은 한 공장주의 아들로 태어났고, 아홉 살에 수련 수도승으로 사로프의 수도원에 들어갔다. 27세에 수도서원 삭발례를 받았고, 34세에 사제 서품을 받았다. 1794년부터 1804년까지 10년 동안 그는 숲속에서 과거 교부들의 저작을 읽으면서 알게 된 이집트의

---

18 메이엔도르프, 『헤시카즘의 신학자』, 205-208.

성 파코미오스 수도 규칙을 세세한 것에 이르기까지 엄격하게 따르며 혼자서 수도 생활을 했다. 곰, 늑대, 여우 할 것 없이 광대한 러시아 숲의 갖가지 야생 동물이 그의 동료였고, 그가 자신의 노동으로 먹을 것을 해결하였다고 동시대 증인들은 전한다.

1804년 9월 12일 세라핌은 한 무리의 강도떼에 심하게 폭행당해 기절한 채 그의 은수처에서 발견되었다. 하지만 그는 강도떼에 저항하지 않았고, 그들의 재판에도 증언하기를 거부했다. 그는 몇 달 동안 요양해 건강을 되찾은 후 성인은 1804년부터 1807년까지 사막의 주상(柱上) 성자들의 수도 방식을 채택하였다. 1천 일 동안 그는 식사 시간과 잠깐의 휴식 시간을 제외하고 바위 위에 올라가 무릎 꿇고서 꼼짝하지 않고 밤낮으로 기도드렸다. 1807년부터 1825년까지 그는 수도원에서 다시 들어와 살았다. 그는 침대도, 화로도 없는 '자애의 동정 성모'와 성화와 그 앞에 놓인 등잔뿐인 방에서 지냈다. 예수 기도를 중심으로 삼으면서 그는 일주일 단위로 사복음서를 완독하는 규칙을 가졌다. 월요일에 마태복음, 화요일에 마가복음, 수요일에 누가복음, 목요일에 요한복음을 읽고, 금요일에 성십자가 예식, 토요일에 모든 성인을 위한 예식을 드렸다. 주일이 되면 그는 집전 사제가 그의 방에 갖다주는 거룩한 성체 성혈을 받아 모셨다.

1825년 11월 25일 성모님이 알렉산드리아의 베드로 성인과 로마의 클레멘트 성인이 함께 발현하신 것을 본 후 그는 '원로'(스타레츠)로서의 사역을 받아들이고 자신의 방에서 순례자를 맞이하기 시작했다. 그는 "나의 기쁨이여"라고 부르면서 순례자들을 맞았고, 그들에게 그리스도인의 삶 전체의 목적은 바로 "성령을 얻는 것"이라고 가르쳤다. 이렇게 소박한 수도승은 영적 경험을 통해 연마된 신학적 탁견을 보여주었다. 끊임없는 기도를 통해 하나님의 아들 예수를 부를 때, 예수 그리스도는 성령의 현존을 통해서 자신을 드러내시고 이 두 위격(성자와 성령)의 하나님은 함께 우리를 성부 하나님과의 친밀한 관계로 인도한다는 것이다.[19]

세라핌은 온유와 겸손, 내면의 평화와 안식 그리고 침묵 속의 기도를 자신의 전 존재를 통해 보여준 19세기 러시아에 헤시카즘의 전통을 부활시키고, 진정한 장로 스타레츠의 모습을 새겨놓았다. 그는 성모 이콘 앞에서 기도하던 중 기도하는 자세 그대로 눈을 감았다. 그는 사후 70년이 지난 1903년에 시성(諡聖)되었다. 서방 교회에서 가장 가까운 성인을 찾자면 아마도 아시시의 성 프란치스코가 될 것이다.

3. 바보 성자 - '그리스도를 위한 유로지비'

우리말로 '성 바보' 혹은 '바보 성자'라고 번역되는 유로지비는 바보짓과 광대 짓, 미치광이 짓을 하면서 정상인들이 들을 수 없는 신의 음성을 듣고, 이를 사람들에게 전하는 이색적인 남녀 성인을

---

19 메이엔도르프, 『헤시카즘의 신학자』, 210-213.

의미한다. 바보 성자는 비잔티움 교회 안에도 존재했지만, 러시아에서처럼 폭넓게 민중의 사랑을 받지 못했을 뿐 아니라 10세기이후에는 교회로부터 냉대를 받았다. 반면에 러시아의 바보 성자는 몽고 지배 시기부터 두드러지게 나타나기 시작하여 모스크바시대로 이어지면서 절정기를 맞았고, 20세기에 이르기까지 간혹정부나 제도권의 탄압을 받기는 했지만, 러시아 정신의 지울 수없는 일부로서 독특한 자리를 차지해 왔다.

　　유로지비의 유래는 성서로 거슬러 올라간다. "십자가의 도가 멸망하는 자들에게는 미련한 것이요 구원을 받는 우리에게는 하나님의 능력이라"(고전 1:18). "하나님의 지혜에 있어서는 이 세상이 자기 지혜로 하나님을 알지 못하므로 하나님께서 전도의 미련한 것으로 믿는 자들을 구원하시기를 기뻐하셨도다"(고전 1:21). 이렇게 구원을 가져오는 어리석은 생각과 어리석은 행위의 주체를 유로지비라고 부르게 된 것이다. 그러므로 유로지비는 세상의 지혜나 지식을 거부하고 그보다 무한히 높은 하나님의 예지로써 백성들을 구원의 길로 인도하는 존재라 여겨졌으며, 사람들은 통상 유로지비에서 보통의 기도나 설교로는 도달할 수 없는 신비하고 초월적인 기적을 기대하기도 했다.

　　유로지비들의 외적 표징에는 지저분한 몰골, 아무렇게나 풀어헤친 머리, 덥수룩한 수염, 누더기, 일부러 몸에 걸친 쇠사슬 같은 것들이었다. 그들은 지상으로 내려와 갖은 수모를 다 당하고 인류를 구원하기 위해 처형당한 그리스도의 길을 따른다는 의미에서

'그리스도를 위한 바보'라고 불렀다. 그들은 사람들의 모욕을 자초하기도 했고, 또 때로는 욕설이나 재담을 통해 사람들을 웃기기도 했지만 그러는 와중에 진리와 예언의 말을 내뱉었기 때문에 민중들 사이에서는 그들에 대한 암묵의 존경과 사랑이 자라났다. 바보, 혹은 광대, 광인, 거지, 혹은 이 모두를 다 합친 존재인 유로지비는 수도원에 은둔하면서, 혹은 세상을 순유하면서 거침없이 진리를 내뱉었고, 사제의 말은 경멸하는 제왕들과 세도가들도 그들의 말에는 귀를 기울이곤 했다.

유로지비의 전통은 몽고 지배기가 끝나고 모스크바 시대가 도래함에 따라 더욱 굳건해져서 17세기까지 시성된 유로지비의 수는 40명에 육박했다. 모스크바 시대에 가장 널리 알려졌던 유로지비는 성 바실리(Vasilii Blazhennyi, ?~1557)였다. 바실리는 이반 4세(Ivan IV, 재위 1547~1584)에게 지대한 영향력을 행사하였다. 황제는 까잔 점령을 기념하여 붉은 광장에 세운 독특하고 아름다운 성당에 '성 바실리'의 이름을 붙여주었다. 이반 4세의 치세 때에는 그 밖에도 10여 개의 성당에 유로지비의 이름이 붙여졌다고 하니 당시 유로지비의 '인기'가 어떠했는지 가히 짐작할만하다.

유로지비는 또한 수많은 문인에 의해 시와 소설에서 형상화됨으로써 독특한 문화적 현상으로 자리 잡게 되었다. 소설 속에서 가장 널리 알려진 것은 도스토옙스키의 소설 〈백치〉의 주인공 미쉬킨 공작일 것이다. 간질병을 앓고 있는 백치이면서도 그리스도의 겸손과 수난을 체현하는 미쉬킨 공작은 유로지비가 단지 러시아정교회의 한 기이한 단면에 불과한 것이 아니라 위대한 작가의 눈에 비친 자주 문화와 민족성의 임무임을 말해준다.[20]

4. 성당의 상징화

성당은 정교 신앙의 삼차원적 상징이다. 그것은 거룩한 전례가 봉헌되는 공간, 보이지 않는 하나님이 보이게 되는 공간, 그리스도의 삶과 죽음과 부활이 재현되는 공간이다. 블라디미르 공후가 그리스도교를 처음 수용했을 때 키예프의 광활한 대지 위로 솟아오른 소박하면서도 웅장한 성당들에서부터, 모스크바 시대의 화려하고 위압적인 성당들, 페테르부르크 시대의 세련된 성당들, 두메산골의 작지만 아늑한 성당들에 이르기까지 러시아 땅 방방곡곡에 세워진 수만 개의 성당은 오랜 세월 동안 말없이 민족의 영성을 대변해 주어왔다. 성당은 그 자체로서 아름다운 예술작품이며 동시에 신앙의 표징이다. 공간과 기하학적 형태와 수와 색채의 상징주의 위에 세워진 성당은 건축가들과 석공들과 장인들이 민족의 염원을 담아 신께 바친 돌과 나무의 시이며 공간의 언어로 번역된 기도이다.[21]

러시아 성당의 가장 특징적인 부분은 '돔'일 것이다. 돔 양식은

---

20 석영중, 『매핑 도스토옙스키 대문호의 공간을 다시 여행하다』(Mapping Dostoevskii), (열린책들, 2019), 297; 석영중, 『러시아정교』, 61-64.
21 석영중, 『러시아정교』, 265-266.

비잔티움에서 전해진 것이지만, 돔의 증식과 그 형태의 다변화는 순수하게 러시아적인 현상이다. 바진티움 성당의 돔은 흔히 매끄러운 표면의 거대하고 완만한 반구형을 특징으로 하는 반면, 러시아 돔은 그것보다 작으며 여러 개가 중앙의 돔을 에워싸는 형태를 취한다. 러시아 초기 성당은 대개 무수한 돔을 보유했다. 5개의 돔은 보통이고 7, 9, 심지어 33개의 돔을 보유한 성당도 있었다. 돔의 숫자 역시 성당 건축의 다른 부분들과 마찬가지로 신학적 상징으로 받아들여질 수 있다. 예를 들어 한 개의 돔은 신성의 일치를, 3개의 돔은 삼위일체를 상징한다. 또 5는 그리스도와 4대 복음사가를 상징하고, 7은 성령의 일곱 은사 혹은 일곱 가지 성사를 상징하며, 9는 9품 천사를, 13은 그리스도와 12 사도를 각각 상징한다. 몽고 침략 때 소실된 키예프의 십일조 성당처럼 25개의 돔은 요한계시록에서 언급되는 천상의 옥좌와 주변의 24자리를 상징하며(계 4:2-4), 33개의 돔은 그리스도가 지상에서 보낸 33년간의 생애를 상징한다. 돔은 또한 교회의 머리인 그리스도를 상징한다. 꼭대기를 장식한 십자가와 함께 불꽃 모양을 이루는 찬란한 돔은 성인과 순교자와 은수자들의 러시아 천년의 유구한 세월 동안 신앙을 간직해 온 민중의 러시아를 그리스도의 빛으로 밝혀주는 횃불이다.[22]

---

22 박찬희, 『동방정교회 이야기』, 184-189; 석영중, 『러시아정교』, 266-286.

5. 이콘 - 침묵의 설교

이콘은 그리스어로 'eikon', 즉 이미지, 상(像)을 의미한다. 그래서 러시아인들은 이콘을 단순히 '상'(obraz)라고 부르기도 한다. 요컨대 이콘은 거룩한 존재, 보이지 않는 존재를 인간의 눈으로써 인식할 수 있도록 해주는 형상이라 할 수 있다. 이콘은 색채로 말하여진 신학, 즉 그리스도의 강생과 신이 창조하신 이 세상의 아름다움 그리고 물질세계의 변모 가능성에 관해 말해주는 설교이다. 러시아정교회는 초기부터 이콘에 대해 독특한 공경을 표명해 왔다. 이콘에 대한 러시아 민족의 정서적 집착은 엄청난 것으로, 그 예술은 공경과 사랑, 믿음을 바탕으로 화려하게 꽃피었다. 이콘은 러시아정교회 신앙의 가장 찬란하고 가장 눈부신 표현이다.

이콘은 성당 내부를 장식하는 그림일 뿐만 아니라 러시아 국가의 삶과 개인의 삶을 모두 조명해주는 그림이기도 하다. 전장으로 향하는 군대의 맨 앞에는 이콘이 있었고, 위난의 순간에 군주는 이콘 앞에서 국가 수호를 간구했다. 러시아를 지켜준 이콘, 기적의 이콘에 관해 무수한 전설이 만들어졌고, 많은 성당이 나라를 지켜준 이콘에 봉헌되었다.[23]

이콘은 정교회의 가르침의 전체로서 정통신앙 그 자체의 표현이다. 이콘은 하나의 단순한 형상이나, 장식이나, 성경에 대한 삽

---

23 강태용, 『동방정교회』, 264-266; 석영중, 『러시아정교』, 287-291.

화가 아니었다. 교회의 역사 속에서, 이교(異敎)와 이단 세력들과의 투쟁 속에서 형성해낸 특별한 형상, 이콘 반대운동 시기 수많은 순교자와 고백자들의 피 값으로 지켜낸 형상이다. 교회는 이콘을 정교회의 가르침의 전체로서의 정통신앙(orthodoxy) 그 자체의 표현으로 본다. 이콘에 대한 공경은 7차 에큐메니칼 공의회(787년)에서 정식화된 그리스도교 신앙의 한 교리이다. 교회의 근본 교리인 '인간이 되신 하나님'이라는 신앙고백으로부터 흘러나온다. 이것은 교회의 전례 의식들 안에서도 표현된다.[24]

IV. 한말 러시아정교 전래

러시아정교는 19세기 말 러시아의 한국 진출과 더불어 선교의 기회를 갖게 되었다. 러시아는 1884년에 체결된 '한러 수호 통상 조약'에 의해 우리나라와 외교관계를 맺게 되었다. 1889년 서울 주재 러시아 공관원과 한국 내에 거주하는 러시아인들과 정교인이 된 러시아 국적 취득의 한국인들을 위해 선교부 설립과 선교의 필요성을 강조하였다.

러시아정교회가 한국에 선교를 시작한 것은 한국에서의 러시아 세력의 증대와 깊은 관련이 있다. 을미사변(乙未事變) 등으로

---

24 우스펜스키, 『정교회의 이콘신학』, 9-12; 데이비스, 『초기 그리스도교 에큐메니칼 7대 공의회』, 449-453.

일제에 대한 공포와 염증을 느낀 고종은 넓은 대궐을 두고 협착한 러시아 공관에서 1년간이나 유폐 생활과 다름없는 상태에서 정무를 보게 되었다. 그러나 독립협회의 활동과 열강의 압력으로 1897년 2월 25일 고종은 경운궁(慶運宮)으로 환궁했고, 이해 8월 10일에는 '광무'(光武) 연호를 제정하고 황제 즉위식을 가졌다.

암브로시우스(카잔의 신학 아카데미 출신 신학박사) 한국 선교 사절단의 대표와 일행이 1900년 1월 초에 한국에 도착하였다. 당시 러시아 공사관 안에 있던 그 처소는 '희랍교 교당'이라 불렸다. 1900년 2월 17일 소성당 축성식에는 한국 내에 거주하는 러시아인들 외에 대한제국 황실 사절과 타국 외교관들, 신문사 대표, 그 밖의 인사들도 참석해 축성식과 성찬예배에 함께 했는데, 이를 한국 정교회의 기원으로 삼고 있다. 1904년 러일전쟁에서 러시아가 패배하기까지 러시아의 영향력은 한국에서 건재하였다.

러시아 공사관 내에서 시작된 희랍정교회의 선교활동에 참여한 이원은 대략 30명 정도였다. 그들은 교당의 필요성을 갖고 새문 고개에 희랍교당을 건축할 수 있는 대지를 확보했다. 이 대지는 당시 배일친러적인 정책을 고수하던 고종이 하사한 땅이었다. 교당 건축 대지를 확보한 후, 1901년에서 1902년에 걸쳐 희랍정교회는 러시아 영사관 사택 앞에 선교사 사택과 통역자 사택 그리고 정교회 관할의 한국인 학교를 세웠고, 1903년에는 같은 장소에 대주교 니콜라스 성인에게 봉헌되는, 80명 수용 가능한 첫 성당을 세웠다. 이 성당은 1903년 4월 17일 크리산프 사제에 의해 축성되

었다.[25]

그러나 1904년 1월 러일전쟁이 발발하자, 한국 내에 거주하는 러시아인들에 대한 일본군의 추방령이 내려졌다. 그리하여 러시아정교회는 약 2년 동안 사제 없는 교회로 지내야만 했다. 러시아정교회는 처음부터 정치외교적인 변화에 민감하게 반응하고 있었던 셈이다.

V. 혜암 이장식 교수의 순례자 영성

혜암 이장식 교수(이후 혜암)는 1947년 9월 학기부터 1950년 8월에 만우 송창근 목사(이후 만우)가 납북되어 가기까지 3년간 그를 모신 기간을 회고하였다. 이 기간에 혜암은 조선신학교(한신대학교 전신) 졸업과 함께 전임강사가 되었고, 만우의 각별한 관심과 관계를 가지며 스승으로서의 존경의 예를 다하며 보낸 것을 회고하였다. 혜암은 학생 시절과 교회사를 전공하게 된 일, 전임강사를 보내며 만우의 참된 목사상을 보고 경험했다. 그것이 혜암의 30여 년간 한신대학교에 봉직하면서 자기도 모르게 만우의 학생

---

25 〈성 니콜라스 한국정교회 주보〉 제1228호(1985년 7월 14일자), 제1229호 (1985년 7월 21일자), 제1230호(1985년 7월 28일자). 이상 인용은 이만열, "한 말 러시아정교와 그 敎弊 문제", 『한국 기독교와 민족의식』(지식산업사, 2014), 412-444.

지도법을 본받게 된 계기였다고 회고하였다.

혜암은 1세대에 속하는 유일하게 생존하는 만우의 직제자이시다. 2019년 4월 16일 한신대학교는 서울 캠퍼스에서 '만우 유언 석판 제막식'을 가진 바, 유일한 생존자 혜암의 헌사와 참석 동문 내빈과 함께 기념 촬영도 하였다.

본고는 만우의 성빈 영성과 혜암의 순례자 영성에 관하여 고찰하고자 한다. 자연스럽게 러시아정교회의 영성과도 교감이 있을 것이다.

1. 만우의 성빈 영성

만우의 신앙과 신학의 핵심은 성빈의 영성이다. 그의 삶은 이 성빈의 영성을 실천한 경건 생활이었다. 아시시의 성 프란치스코가 무너져가는 교회를 다시 세우라는 하나님의 음성을 듣고 당시 타락한 중세 교회를 갱신하기 위하여 가난한 탁발의 순례자 삶을 살았듯이 만우도 당시 무너져가는 한국교회를 바로 세우기 위해 성빈 사상에 깊은 감명을 받고 평생을 성빈과 경건의 삶을 살았고 부산에서 성빈학사(聖貧學舍)를 운영하면서 거지들의 대장이 되기도 하였다.

만우를 존경하며 추모함은 그가 말과 글로 자신의 신앙과 신학, 성빈 영성을 강조했을 뿐 아니라 철저하게 삶으로 증거했다는 데 있다. 그는 언행이 일치된 성빈과 경건의 삶을 살았다. 역사적 예수의 "나를 따르라"의 부르심과 제자직에 신실하였다. 종교개혁 신학을 토대로 한 사회학적 성서해석과 가난한 자들에 대한 무저항적 사랑은 오늘에도 손색없는 한국교회의 진리의 근거가 될 만하다. 참으로 그의 신앙과 신학에는 복음주의적 경건 신학과 성빈의 영성이 뚜렷하게 부각되어 있다. 만우는 성 프란치스코의 〈태양의 노래〉에 나타나는 것처럼 하나님-인간-자연의 신비적 합일을 이루는 새로운 세상을 지향한다. 그것이 성빈의 영성이 추구하는 궁극적 목적이다. 참으로 만우는 성빈의 영성으로 불의한 사회를 개혁하고, 무너지는 교회를 바로 세우는 일에 온몸을 바치시고, 순교적 삶으로 헌신하셨다. 혜암은 "만우는 비록 52년 짧은 생애의 인물이었지만 그는 1백 년을 산 사람 못지않게 빛나는 발자취를 남기셨다"[26]고 회고한다.

2. 혜암의 순례자 영성

혜암은 1947년 9월에 만우를 만나고, 1950년 8월에 납북되어 가기까지 3년간 그와 함께했던 경험을 회고하였다. 만우는 부산에서 '성빈학사'를 세워 가난한 자들을 도우며 자기도 성 프란치스코처럼 성빈 생활을 미덕으로 여기고 살아왔는데, 신학교도 그 성빈학사처럼 가난하였고, 가난한 당시의 학생들을 도우며, 또

---

26 김경재 외, 『만우 송창근의 신앙과 신학세계』 (경건과신학연구소, 2015), 53-83.

교수들의 생활을 걱정하면서 실로 그는 제이의 성빈학사 신학교를 운영하며 고심하는 모습의 당시 상황을 똑똑히 목격했다.

평소에 만우는 성 프란치스코를 흠모하여 그의 사진을 책상 옆에 두고 있었고, 그가 "아시시의 성 프란시스 정령(精靈) 앞에 합장"이라는 글월을 맺는 마지막 절에 나타난 대로 "아시시의 성에 곱게 피어 있는 성빈의 꽃씨 하나가 바람에 날려 메마른 땅 같은 내 마음에 떨어졌사오니 당신의 아버지 예수 그리스도께서 내리시는 비와 이슬을 받아, 움이 돋고 곱게 자라 다행히 아름다운 꽃이 피거든 그 꽃을 당신의 정령 앞에 바치겠습니다. 아멘." 실로 만우는 성 프란치스코처럼 성빈의 꽃을 피우는 사람이 되게 해 달라는 기도를 매일 하는 분으로 조선신학교에서도 성빈의 꽃을 피워보시려는 것이었다[27]고 혜암은 감동적으로 회고하셨다.

조선신학교에서 한국신학대학(1948년)으로 승격하고 학부 제1회 졸업생(1950년)을 냈다. 혜암은 졸업논문 "어거스틴의 시간과 영원"으로 졸업논문상을 받았다. 만우는 혜암에게 앞으로 신학전공을 무슨 과목으로 정했느냐고 묻기에 조직신학이라고 대답했더니, "골치 아픈 조직신학 말고 교회사를 전공하라"고 지시하셨다. 결국 혜암은 교회사를 전공한 것에 대하여 오늘에 와서 돌이켜보면 만우의 지시에 따랐기에 한국 신학계에 교회사로 이바지하게 되었고, 신학 진로를 지도해주신 덕택으로 교회와 세계 역사의

---

27 김경재 외, 『만우 송창근의 신앙과 신학세계』, 57.

넓은 세계를 내다볼 수 있게 되고, 지식의 폭이 넓게 되어 현실과 역사에 대한 성급하고 졸속한 판단을 내려 경거망동하는 일이 없게 되었다[28]고 스승에 대한 예의를 표하였다.

그리고 결과적으로 만우는 혜암을 세계교회사 연구의 폭넓은 학문적 순례로 이끌었던 셈이고, 그 학문적 순례는 그의 삶의 과정을 통하여 순례자라는 자의식을 갖게 하였을 것이다. 이상과 같이 혜암의 만우와의 관계, 사제 간의 진실한 교감을 추리해 보면서 만우의 성빈 사상도 혜암에게 체감되었을 것이고, 경건과 학문의 삶에서 청빈한 삶도 영향을 받고 이어졌을 것이다.

혜암이 1970년대 중반 계명대학의 교수와 교목실장으로 재직 중일 때에 지도하였던 '성빈회'라는 기독 학생 클럽이 있었던 것으로 보아 만우의 성빈회를 본받아 하나의 족적을 남기며 성빈의 영성을 이어왔던 것 같다.

혜암은 그의 자서전 『창파에 배 띄워』에서 그의 파란만장했던 삶의 기록들을 사건들마다 성서 말씀으로 조명하고, 하나님의 역사적 현존을 밝히며, 하나님의 인도하심에 대한 감사를 성서 말씀을 인용해 그 의미를 표현하고 있다. 특별히 혜암은 그의 어머니로부터 전수되어온 신앙 유산을 소중하게 감사하며 조용히 증거하고 있다.

혜암은 제이의 고향으로 생각하던 대구가 땅 위에서 가족과

---

28 김경재 외, 『만우 송창근의 신앙과 신학세계』, 70; 이장식, 『혜암 이장식 자서전 – 창파에 배 띄우고』(한들출판사, 2001), 79-99.

같이 살아갈 마지막 집이라 여기지만, 그의 일생의 마지막 항구에 이르기까지 몇 개의 장막 집이 무너질지 알 수 없는 일이었다. 한신대도 결코 그의 마지막 항구가 아닌 기항지의 한 장막에 불과하였다.

혜암은 그의 일생에 순례에서 장막 집을 여러 곳 거쳤고 아프리카 대륙으로 가서 케냐의 한구석에 장막을 치면서 자기가 영주할 장막 집은 이 지상 어디에도 없을 것이다. 그래서 그는 더 나은 본향 집을 사모하는 것이리라(고후 5:1). 혜암의 한결같은 올곧은 경건과 성빈, 어머니 때부터 이어온 성서 말씀의 신앙과 그의 하나님의 현존 앞에서 세계교회사가로서 세계 선교의 장도를 실현하면서 그 스스로는 순례자라는 자의식을 하였을 것이다. 그래서 혜암의 삶의 여정을 감히 순례자 영성이라 할 수 있을 것이다.

회고하면, 우리 민족의 엄청난 고난과 시련의 역사의 한 증인으로서 그것들을 하나님 말씀으로 조명하고, 하나님의 역사적 현존을 밝히며, 혜암은 그 와중에서 살아남아 자기 길을 걷고 있는 것이 결코 자기의 지혜나 처세술이 아니라, 오로지 큰 능력자(전능자)의 도우심이었음을 고백한다. 이는 진실로 성서 말씀의 신앙과 순례자적 삶의 영성이 아닐 수 없다.

혜암이 아프리카 케냐 선교를 결정할 때 70세의 고령이었고, 박동근 사모는 60세였으니 가정적으로, 여러 여건으로 보아 결단하기 쉽지 않았지만 "희망을 하나님께 두고"(고후 1:10) 용기를 내어 떠나게 되었다(1990년 11월 25일).

혜암이 섬긴 교단 동아프리카 장로교회, 곧 PCEA는 케냐의 2백 여 선교교파들 가운데서 셋째로 큰 교단인데, 1891년에 스코틀랜드 장로교 선교로 시작된 교회이다. 혜암은 1991년 5월 8일에 교단 신학교 Presbyterian College of PCEA에서 교회사 강의를 시작했고, 박동근 사모는 그 이듬해 학기부터 기독교교육을 강의하기 시작했다. 혜암은 신학 교수로서뿐 아니라 교육 분야와 선교 분야에서 특수한 섬김의 사역을 위해 최선을 다하여 명실상부한 아프리카 한인 선교사들의 대부로써 그들과 자주 만나 지도하면서 지도적 역할을 유감없이 발휘하셨다. 7년여간 아프리카 케냐에서 한인 선교사들과 교민들과의 교감을 깊고 넓게 나누면서 선교적 사명감에 대한 귀한 교훈을 유산으로 남기셨다.

3. 혜암의 세계교회사 이야기

혜암의 『세계교회사 이야기』는 객관적 사실의 기록이지만, 역사가의 사관이 잘 반영되어 있다. 혜암은 열린 사고로 신학적인 문제를 취급하면서도 복음주의적 입장을 갖고 있다. 김홍기(감신대 총장)의 서평에 따르면 혜암은 열린 복음주의(liberal evangelicalism)적 사관을 갖고 서양 중심의 세계교회사만이 아닌 동방으로 향하는 아시아 쪽 동양을 아우르는 역사관을 가지고 세계교회사를 서술한 것으로 교회사적 공헌을 한 것이다.

좀 더 구체적으로 그는 교회사에서 심각하게 제기되어 온 이슬람과 그리스도교 관계를 그의 역작 『아시아 고대 기독교사 1-16세기』에서 자세히 서술하였다. 혜암은 초대 동방 시리아 교회를 비롯해 초대 페르시아 교회, 초대 아라비아 교회 그리고 인도 성토마스교회와 당대의 경교의 전래와 선교, 즉 네스토리우스파 수도원 등을 서술하였다.

그리고 나아가 교회와 국가의 관계를 잘 정리하여 교회가 국가와 어떤 관계를 맺어야 하는지를 해석하여 준다. 혜암은 서양 역사에서 나타난 교회와 국가와의 관계를 소상하게 다루면서 예수 그리스도가 시작하신 하나님 나라의 구현을 위한 우리 그리스도인들의 책임을 옳게 완수함에 도움이 될 그리스도교 역사적 경험과 지식을 열거한다. 그리스도교가 국가에 대하여 취하는 태도와 관계는 단순한 정치적인 것이 아니고 오직 하나님 나라의 실현과 인류구원을 위한 하나님의 선교행위에 동참하는 선교의 사명으로 인식해야 할 것이다. 그렇지 않으면 그리스도인들의 정치 운동과 현실 참여는 하나님에게 돌릴 것을 생략하고 가이사의 한 역군이 되는 데 불과할 것이다.[29] 이는 동방정교회의 역사 이해와 교부의 전통 신앙과 수도승의 영성의 계승 관계와 비교된다.

---

29 이장식, 『기독교와 국가』, 대한기독교출판사, 1981. 7-13. 혜암에 대한 본고의 참고문헌은 다음과 같다: 『세계교회사 이야기』 (VERITAS PRESS, 2011), 『이장식 자서전 - 창파에 배 띄우고』 (한들출판사, 2001), 『만우 송창근의 신앙과 신학세계』 (경건과신학연구소, 2015), 『아시아 고대 기독교사 - 1-16세기』 (기독교문사, 1990), 『基督教와 國家』 (대한기독교출판사, 1981), 『교회의 본질과 교회개혁』 (대한기독교출판사, 1988), 『아프리카에서 온 편지』 (한들, 1998).

VI. 결론적인 이야기: 만남의 광장

동방정교회 영성과 혜암의 순례자의 영성의 관계성을 위하여 그것의 만남의 지점은 무엇인가? 혜암은 하나님의 말씀과 거룩한 실재에 대한 신앙, 경건과 학문, 성빈과 순례자적 삶을 살아왔다. 영성은 이기적 자기 중심성에서 해방되어 진정한 자유인으로서 섬김, 사랑, 단순성, 생사 초월, 청빈 등 공통적인 삶의 모습을 나타낸다.

동방정교회(러시아) 영성 테오시스(神化, Theosis)는 '하나님의 성품에 참여하는 자'라는 의미이다. 테오시스는 개신교에는 다소 생소한 표현이지만, 러시아정교회의 신학적 특징을 드러낸다. 인간이 하나님의 영역으로 고양되는 것, 즉 하나님의 영역으로 상승하는 것을 의미한다. 러시아정교회의 신화의 의미는 하나님과 같이 하나님의 형상으로 창조되는 인간, 하나님의 자녀가 됨, 하나님과 그리스도를 닮아감, 이것을 관상과 자비와 덕과 청빈, 기도, 훈련, 순례 등으로 표현하며 구현한다.

러시아정교회 전통에서 온유와 겸손, 내면의 평화와 안식 그리고 침묵 속의 기도를 자신의 존재를 통해 보여준 사라프의 세라핌은 서방 교회에서 가장 가까운 성인을 찾자면 아마도 아시시의 성 프란치스코가 될 것이다.[30] 그렇다면 러시아정교회의 영성은

---

30 석영중, 『러시아정교』, 137.

만우와 장공 김재준 목사의 영성도 만날 수 있는 경계의 지점에 있을 것이다. 만우와 장공은 아울러 프란치스코의 청빈 영성을 살아내신 프란치스칸들이다. 혜암은 만우의 제1세대에 속하는 순례자 영성을 살아낸 분이다. 그러한 면에서 본래 한신(韓神)과 기장교단(基長敎團)의 신학 언저리에는 성 프란치스코의 청빈 영성이 흐르고 있음을 우리 기장인들은 잊어서는 안 될 것이다.

참고문헌

강태용. 『동방정교회 -역사와 신학』. 홍익재, 2010.

다닐로프 · 코술리나/문명식 편역. 『새로운 러시아 역사』. 신아사, 2015.

데이비스, 레오 도널드/이기영 역. 『초기 그리스도교 에큐메니칼 7대 공의회 –
　　그 역사와 신학』. 대한기독교서회, 2018.

랴자놉스키, 니콜라스 V.· 마크 D. 스타인버그/조호연 역. 『러시아의 역사』 상.
　　까치글방, 2013.

_____. 『러시아의 역사』 하. 까치글방, 2013.

맥구킨, 존 안토니/이기영 역. 『비잔틴 전통의 성인들』. 동연, 2016.

메이엔도르프, 존/박노양 역. 『헤시카즘의 신학자 성 그레고리우스오스 팔라
　　마스』. 정교회출판사, 2019.

박찬희. 『동방정교회 이야기』. 신앙과지성사, 2012.

석영중. 『매핑 도스토옙스키』. 열린책들, 2019.

_____. 『러시아정교. 역사 · 신학 · 예술』. 고려대학교출판부, 2007.

우스펜스키, 레오니드/박노양 역. 『정교회의 이콘신학』. 정교회출판사, 2015.

웨어, 디모데/이형기 역. 『동방정교회의 역사와 신학』. 한국장로교출판사,
　　2008.

이만열. 『한국기독교와 민족의식』. 지식산업사, 2014.

이장식. 『만우 송창근의 신앙과 신학세계』. 경건과신학연구소, 2015.

_____. 『세계교회사 이야기』. VERITAS PRESS, 2011.

_____. 『이장식 자서전 – 창파에 배 띄우고』. 한들출판사, 2001.

_____. 『아프리카에서 온 편지』. 한들, 1998.

_____. 『아시아 고대 기독교사』. 기독교문사, 1990.

_____. 『기독교와 국가』. 대한기독교출판사, 1981.

카, E.H./유강은 역. 『러시아 혁명 1917-1929』. 이데아, 2017.

칼라이치디스, 판텔리스/이기영 역. 『정교회와 정치신학』. 동연, 2020.

키릴/강영광 역. 『러시아정교회 키릴 교종의 자유와 책임』. 대한기독교서회, 2016.

동방정교회 영성의 역사적 고찰
─ 장공의 '십자군'과 '제3일'의 영성*

I. 동방정교회의 역사

그리스도교 역사에서 동방과 서방은 콘스탄티노플, 알렉산드리아, 안디옥, 예루살렘을 중심으로 헬라어 권역과 로마 교구를 중심으로 라틴어 권역에 속한 서방으로 구분된다.

콘스탄티누스 황제(324~337)는 그리스도교와 로마제국의 충돌 시대에 종지부를 찍었다. 그는 옛 수도를 버렸고, '문명화된 세계'로 간주되어 온 제국의 정치적, 문화적 중심을 비잔티움이라는 보스포루스 옛 그리스 도시로 옮겼다. 공식적으로 콘스탄티노플 혹은 '신(新)로마'라 불리게 된 이 도시는 이후 로마제국이 1453

* 이 글은 장공사상연구 39회 목요강좌(2016.11.17.)에서 발표한 것으로, 말미에 논찬을 첨부하였다.

년 투르크에게 멸망하기까지 1100년이 넘도록 계속해서 제국의 수도였다.[1]

특히 중요한 그 시대의 모든 보편적 공의회들은 콘스탄티노플 혹은 그 인근에서 개최되었다. 그 이후 콘스탄티노플로부터 오는 선교사들은 슬라브 민족과 동유럽의 다른 민족들을 그리스도교로 개종시켰고(불가리아 864년, 러시아 988년), 성서와 예배문서들을 각기 다른 지역의 언어들로 번역되었다.

동·서방 교회의 분열의 원인과 격렬한 논쟁 중 하나는 서방 교회가 니케아 신조에 동방과의 협의 없이 추가한 '필리오케'(Filioque, "그리고 아들로부터") 조항과 관계된 것이 결정적 이유가 되었다. 9세기에 포티우스(Photius)를 콘스탄티노플의 대주교로 정한 것을 교황이 거부한 것도 중요한 분열의 원인이다. 동·서방 간의 논쟁의 심화는 1054년에 서로 파문장을 보냄으로써 정점에 이르렀다. 제4차 십자군(1204년) 때에 서방 교인들이 콘스탄티노플을 약탈한 사건은 서방을 향한 동방의 적의를 증대시켰다.[2]

이 글은 비잔티움 제국의 시대(324~1453)에 일어난 '동방정교

---

1 존 메이엔도르프, 『비잔틴 신학 - 역사적 변천과 주요교리』(정교회출판사, 2013), 9. 이집트, 팔레스타인, 시리아의 그리스도교 중심지들이 사라진 후 콘스탄티노플은 동방 그리스도교의 중심지가 되었고, 이 도시의 주교는 '세계총대주교'라는 칭호를 가진다. 선교사들은 발칸지역, 동유럽의 대평원에 신앙을 전해주었다. 서방 라틴세계에서 '구로마'가 그러했던 것처럼, '신로마' 또한 중동지역과 동유럽 문명의 요람이 되었다.

2 셸리, 『현대인을 위한 교회사』, 187-199.

회 영성의 역사적 고찰'에 대한 소고(小考)이며 장공의 「십자군」과 「제3일」의 영성과 관련하여 고찰한 것이다.

제이의 로마

초대교회사에서 가장 흥미로운 역사적 사건은 어떻게 박해받던 그리스도교로부터 위대한 제국을 떠맡게끔 되었는가 하는 것이다.

312년 콘스탄티누스는 주된 적수인 멕센티우스에게 결정적인 승리를 거두었다. 이를 '밀비안 브리지'의 전투라고 묘사한다. 콘스탄티누스는 전투 전날 밤에 그의 군대와 더불어 프랑스를 말을 타고 지나가고 있을 때, 그는 하늘을 쳐다보고 태양 앞에 있는 십자가 빛을 보았다. 십자가와 함께 거기에 비문이 있었다. 즉 그것은 "이 표징으로 정복하라"(In this sign couquer)였다. 이 환상의 결과 콘스탄티누스는 그리스도교 신앙을 받아들인 첫 로마 황제가 되었다. 이 사건들의 연속은 교회사의 첫 주요 시기를 끝내고, 비잔틴 그리스도교 제국의 창조를 가져오는 것이었다.3

324년 콘스탄티누스는 최고 절대적 권력을 장악하자, 새로운 국가 창조에 주요한 요소로서 교회를 이용하기 시작하였다. 맥구킨 교수는 로마 영토 내의 동·서방 지역들의 독재적인 유일한

---

3 맥구킨, 『비잔틴 전통의 성인』, 18-25.

황제가 된 콘스탄티누스의 과업 결과를 다음과 같이 알린다. "그는 새로운 수도를 찾아냈는데, 그것은 '제이의 로마', '모든 도시의 여왕' — 콘스탄티노플이었다. 그리고 모든 면에서 옛 수도를 능가했다. 군사적으로, 경제적으로, 지리적으로 로마 세계의 진정한 심장부 즉 국제적인 문화의 영향력의 주요한 창구이자 중심지였다"[4]

그리스도교화한 로마제국에 대한 역사적 고찰을 이렇게 정리할 수 있다.

> 비잔티움 발전의 주된 원천은 로마의 국가 제도와 그리스 문화 그리고 그리스도교 신앙이다. 이 세 요소들 가운데 어느 하나를 제외한다면 비잔티움의 본질은 생각할 수 없다. 우리가 흔히 비잔티움 제국이라고 부르는 역사적 구조물은 헬레니즘 문화와 그리스도교라는 종교 그리고 로마의 국가 형태가 종합되면서 비로소 성립했다.[5]

II. 일곱 에큐메니칼 공의회(325~787)

동방정교회에서 공의회는 하나님이 그의 백성을 인도하기 위해 선택한 주요한 기구라 믿으며, 보편교회를 본질적으로 협의회

---

4 맥구킨, 『비잔틴 전통의 성인』, 21.
5 오스르로고르스키, 『비잔티움 제국사 325-1453』, 9.

적(conciliar) 교회로 생각한다. 공의회는 교회의 본질적 본성의 살아있는 구현체이다.6

그리스도교는 철저하게 믿음의 종교이지만 또한 지식을 중시하는 종교이다. 이런 지적인 초대 그리스도인들에게 의문이 생겼다. 과연 예수그리스도는 어떤 분인가? 그는 정말 하나님이신가? 하나님과는 어떤 관계인가? 소위 '삼위일체 하나님'에 관한 신학적 의문이 제기 되었던 것이다. 비잔틴 시대의 교회 생활은 일곱 차례의 보편적 공의회의 지도를 받았다. 공의회는 다음의 세 가지 문제를 제기하고 결정하였다. 삼위일체, 그리스도론 그리고 성화상이 그것이다.

1. 니케아 공의회(325년)

여러 숙적들을 제거하고 유일한 황제가 된 콘스탄티누스 제국에 문제가 발생되었다. 그것은 알렉산드리아의 장로 아리우스(Arius)가 "예수는 하나님이 아니라 피조물이다"라는 삼위일체와 관련된 발언이었다. 이것은 알렉산드리아의 한 교구에서 발생된 문제였지만 제국평화를 최우선으로 하는 콘스탄티누스에게는 다소 위협적인 사안이었다. 아리우스는 안디옥의 교사 루시안의 제자였다. 그는 좌파 오리겐 신학의 영향을 받아 하나님만 성부로

---

6 웨어,『동방정교회의 역사와 신학』, 5.

인정하고, 예수는 피조물로 주장하였다. 그는 이를 근거로 예수는 하나님과 '동일본질'(Homoousios)이 아니라 '유사본질'(Homoiousios)이며 심지어 "예수가 존재하지 않았던 때가 있었다"(There was a Time When He was Not)고 비성서적인 발언도 서슴치 않았다.

이에 대해 알렉산드리아의 알렉산더 감독이 아리우스를 소환하여 철회할 것을 강요했으나, 아리우스가 거절하자, 황제 콘스탄티누스는 공의회를 소집했다. 이것이 그리스도교 세계에서 처음 열렸던 325년 니케아 공의회였다. 이 공의회는 황제의 여름 별궁에서 3개월동안 진행되었다. 토론 끝에 아리우스가 이단으로 정죄되었고, 예수는 '하나님과 동일본질'(Homoousios)이라고 선포하였다. 이와 더불어 니케아 신조가 작성되었으며, 부활절 날짜 등 20개의 교회법들이 결정되었다.[7]

니케아의 과제는 381년 콘스탄티노플에서 개최된 제2차 에큐메니칼 공의회에 의해 채택되었다. 이 공의회는 니케아 신조를 확장시키고 개정하였다. 특별히 성부와 성자가 하나님인 것처럼 성령도 하나님이라고 확정하여 성령에 관한 가르침을 발전시켰다. 즉, "성부로부터 나오시고(proceeds), 성부와 성자와 더불어 함께 예배를 받으시고 영화되심을 받으시는 분."[8]

---

7 Leo Donald Davis, *The First Seven Ecumenical Councils(325~787). Their History and Theology* (Collegeville, Minn.: The Liturgical Press, 1990), 51-68. 2장 "니케아공의회"에서 자세한 삼위일체 논쟁 내용을 기술하고 있다.
8 웨어, 『동방정교회의 역사와 신학』, 33

또한 공의회는 새 수도가 된 콘스탄티노플의 위치를 더 이상 무시할 수 없으므로 그 서열을 로마 다음으로, 알렉산드리아 앞으로 정하였던 것이다. 콘스탄티노플의 감독은 콘스탄티노플이 새로운 로마였기 때문에 영예에 있어서 로마 감독 다음의 특권을 가지게 되었다.

2. 에베소 공의회(431년): 그리스도론 논쟁 —'크리스토토코스냐, 데 오토코스냐'

알렉산드리아의 시릴(Cyril, 444년 사망)은 431년 에베소에서 개최된 제3차 에큐메니칼 공의회에서 콘스탄티노플의 다른 감독인 네스토리우스(Nestorius)의 몰락을 가져오게 한 사람이다. 시릴과 네스토리우스는 그리스도가 참 하나님이며, 삼위일체 중 한 분이심에 동의하였다. 그러나 그들은 그의 인성에 대한 묘사와 하나님의 단일한 위격(a single person)안에 신성과 인성의 결합을 설명하는 방법에서 의견이 달랐다. 이 두 학파가 서로 조화를 유지하지 않고 투쟁으로 들어간 것은 그리스도교 세계에 있어서 하나의 비극이었다. 9

네스토리우스는 처녀 마리아를 '하나님의 어머니'(Theotokos)라고 부르기를 거절함으로 논쟁을 촉진시켰다. 네스토리우스는

---

9 웨어, 『동방정교회의 역사와 신학』, 35

마리아를 '그리스도의 어머니'(Christotokos)로 불러야 한다고 주장
했다. 마리아가 '하나님의 어머니'라는 제목은 이미 대중적 신앙
속에서 받아들여졌으나, 네스토리우스에게는 그리스도의 인성
과 그의 신성의 혼동을 내포하고 있는 것으로 보였다. 공의회에
의해 지지를 받은 시릴은 "말씀이 육신이 되어"(요1:14)라는 본문
으로 대답하였다. '마리아는 육신이 되신 하나님의 말씀을 낳았기
때문에' 하나님의 어머니이다. '하나님의 어머니'(Theotokos)라는
이름은 그리스도의 위격의 일치성을 안전하게 한다. '본질상 하
나'(Homoousios)라는 단어가 삼위일체론에서 우선성을 차지하듯
이, 하나님의 어머니(Theotokos)라는 단어가 성육신론에서 우선
성을 차지한다. 에베소 공의회(431)는 네스토리우스를 이단으로
정죄하였다. 10

3. 칼케돈 공의회(451년): 신성과 인성

새로운 황제 마르키아누스(재위450~457년)는 451년 칼케돈 공
의회를 소집했다. 그리스도교의 제4회 공의회는 그리스도가 완
전하다고 분리할 수 없는, 그러나 또한 뒤섞일 수 없는 두 가지

---

10 웨어, 『동방정교회의 역사와 신학』, 36; 오스트로고르스키, 『비잔티움 제국사
325-1453』, 39. 시릴과 네스토리우스 간의 논쟁을 역사적 사회적인 관점에서 다
루고 있다. Davis, *The First Seven Ecumenical Councils*, "4. The Council of
Ephesus, 431" (140-163)에서 신학적 논쟁 자세한 상황을 참고할 수 있다.

본성을 가지고 있다고 공식적으로 천명했다. 칼케돈 공의회는 예수가 신성에 있어서 성부와 동질이며 인성에 있어서도 우리와 똑같은 인간이라는 니케아 신앙이 재확인되었다.[11]

그러나 칼케돈의 결정으로 비잔티움의 중앙부와 제국의 오리엔트 속주들 사이에서 간극이 심화되었다. 이집트뿐만 아니라, 한때 네스토리우스파 이단의 피난처였던 시리아도 단성론을 지지하며 칼케돈의 교조에 반대했다. 양성론(兩性論, dyophysitism)을 지지하는 비잔티움 교회와 단성론을 지지하는 오리엔트 교회의 대립은 그때부터 초기 비잔티움 제국의 가장 격렬한 교회 정치 및 국가 정치상의 문제들 가운데 하나가 되었다. 단성론은 이집트와 시리아의 정치적 분리의 분출구가 되었다. 즉 단성론은 비잔티움의 지배에 대항한 투쟁에서 콥트인과 시리아인의 표어로 이용된 것이다.[12]

칼케돈 정의(定意)는 그 후 콘스탄티노플에서 개최된 두 개의 공의회에 의해 보충되었다. 제5차 공의회(553년)는 알렉산드리아 관점으로 칼케돈을 재해석하였고, 칼케돈이 사용했던 것 보다 건설적인 용어로 어떻게 그리스도의 본성이 하나의 단일한 위격을 형성하도록 연합되는가를 설명하고자 했다.

제6차 공의회(680~681)는 그리스도가 두 본성을 가졌음에도

---

11 오스르로고르스키, 『비잔티움 제국사 325-1453』, 40.

12 오스르로고르스키, 『비잔티움 제국사 325-1453』, 40-41. 이집트의 콥트 교회와 시리아의 일부 교회들은 아직도 단성론자들이다.

불구하고 그는 하나의 단일한 위격이기 때문에 단지 하나의 의지(意志)를 가져야만 한다고 대답했다. 그리스도는 참 하나님일 뿐만 아니라 참 인간이다. 그는 신적 의지뿐만 아니라 인간적 의지를 가져야만 한다. [13]

4. 제7차 공의회(제2차 니케아 공의회, 787): 성화상 논쟁

그리스도의 위격에 대한 논쟁들은 681년 공의회에서 끝나지 않았고, 8~9세기에는 다른 형태로 확장되었다. 논쟁은 성화상들(The Holy Icons), 그리스도의 모습, 하나님의 어머니 그리고 교회와 개인의 집에서 숭배되었던 성자들(the saints)에 집중되었다. 이콘은 하나의 단순한 형상이나 장식이나 성경에 대한 삽화가 아니다. 교회사 속에서 이교(異敎)와 이단 세력들과의 투쟁 속에서 형성해 낸 특별한 형상들은 이콘반대운동 시기에 수많은 순교자와 고백자들의 피 값으로 지켜낸 것이다.

약 120년 동안 지속된 성화상 논쟁의 교훈을 통해 교회는 이콘을 정교회의 가르침의 전체로서의 정통신앙(orthodox) 그 자체의 표현으로 본다. 이콘에 대한 공경은 제7차 공의회(787년)에서 정식화된 그리스도교 신앙의 한 교리이다. 교회의 근본 교리인, '인간이 되신 하나님'이라는 신앙고백으로부터 흘러나온다. 성화상

---

13 웨어, 『동방정교회의 역사와 신학』, 41; Davis, *The First Seven Ecumenical Councils*, 260-270.

에 대한 최종적 승리는 '동방정교회의 승리'로 알려졌다.[14]

성화상은 단순한 그림이 아니고, 아름다운 예술을 통해서 피조물을 구원하는 영적 능력의 생동감 있는 표현이다. 성화상의 예술적인 완벽성은 천상영광의 영상인 것만은 아니다. 그것은 본래적인 조화(調和)와 아름다움(美)으로 환원된 실물의 구체적 예이며 성령의 그릇으로 봉사하는 것이다. 성화상은 우주조화(宇宙造化)의 한 부분이다. 성화상은 승리의 노래요, 계시이며, 악령의 치욕과 성인들의 승리에 대한 영원한 기념비이다.[15]

5. 공의회의 역사적 의미

7개의 공의회들은 동방정교회에 대단히 중요하다. 동방정교회의 구성원들에게 있어 7개의 공의회들에 대한 관심은 역사적일 뿐만 아니라 현대적이다. 동방정교회는 공의회의 기간들 속에서 위대한 신학의 시대를 보았고, 모든 세대 속에서 일어나는 새로운 문제들에 대한 해결책을 구함에 있어서 공의회들은 성경 다음의 기준과 안내서로 삼고 있다.[16]

7개의 공의회는 325년부터 787년까지 무려 462년 동안 진행

---

14 우스펜스키, 『정교회의 이콘신학』, 9-12. 하나님의 인간을 자신의 'image' 즉 icon에 따라 창조했다는 사실에서 정교회의 모든 신학적 인간론이 출발한다. 웨어, 『동방정교회의 역사와 신학』, 43.

15 강태용, 『동방정교회』, 51-52.

16 웨어, 『동방정교회의 역사와 신학』, 47-48.

된 동방과 서방의 연합 공의회였다. 공의회의 최대 목적은 당대 그리스도인들에게 적절하고 합당한 성서적 교리를 제공하는 것이었다. 7개의 공의회는 동방의 4개 주요 도시에서 개최되었는데, 니케아, 콘스탄티노플, 에베소, 칼케돈 등이었다. 공의회는 교회 안에서 발생된 신학적이며 실질적인 문제를 해결하기 위해 주로 황제들의 소집에 의해 모인 감독들과 교회 지도자들의 모임이다. 공의회는 그리스도교 역사뿐만 아니라 오늘날 그리스도인들의 정체성 이해에도 중요하다

7개 공의회의 주된 관심은 삼위 하나님의 세 위격과 예수의 신성과 인성에 관한 문제였다. 따라서 "예수가 참 하나님이며 참 사람이다"라고 선언한 451년 칼케돈 공의회는 그리스도교 역사에서 하나의 전환점이었다. 사실 '칼케돈 정의'(Chalcedonian Definition)는 오늘 모든 동방정교회뿐만 아니라, 로마 가톨릭과 16세기 종교개혁 시기에 발생된 교회들의 공식적인 가르침이 되었다.

오늘날 동방정교회는 7개 공의회만 인정하는 교회이다. 이런 의미에서 동방정교회는 '7개 공의회 교회'로 불렸다. 물론 몇몇의 동방 교회들은 칼케돈 공의회를 인정하지 않고 초기의 4개 공의회만 인정하는 교회도 있다. 로마 가톨릭은 7개의 공의회뿐만 아니라 제2차 바티칸 공의회를 포함한 14개의 공의회까지 모두 21개 공의회를 인정하였다. 그러나 성공회와 칼빈 중심의 개혁교회는 초기 4개 공의회만 인정하였다.

장공은 민족 수난(6.25전쟁)과 한국 장로교의 분열의 시기에 즈

음하여, 공의회의 역사에서 역사적 교훈을 삼을 게 있다고 다음과 같이 진술한 바가 있다. "하나님은 공의로우심과 동시에 인자하시고 오래 참으신다.… 그리스도교 역사는 이 점에서 무수한 과오를 범하고 있었다. 아타나시우스와 아리우스가 서로 상이점(相異点)을 인정하면서도 '심판'은 주님께 맡기고 오직 '사랑'으로 서로 용납하여 보충해 갔더라면 얼마 지나는 동안에는 주님께서 둘 다 바로 깨닫게 하여 교회는 그 후의 끊임없는 살육을 면했을 것이다. 그후에도 가령 네스토리앤(景敎)을 추방하지 않고 교회 이상(以上)의 사랑으로 용납하였다면 그 수 많은 경교인들로 하여금 유랑하다가 민멸(民滅)의 비운에 빠지는 일은 면케 하였을 것이다."[17]

III. 동방정교회의 영성

1. 예배의 아름다움의 영성

동방정교회 예배는 헬라적 상상력에 의해 그 형태가 이루어졌으며 수많은 상징들이 사용되었다. 동방 교회에서는 서방교회에서 부르는 '미사' 대신에 '성찬예배'라고 부른다.

동방정교회 예배는 오랜 역사적 변천 과정을 거쳐 오늘날에

---

17 「십자군」 속간 제10호 (1952. 11) "종교재판의 성서적 근거", 1-7.

이르렀다. 예전의 기본적 핵심은 그리스도와 사도시대로부터 여러 세기를 지나는 동안 첨가되면서 9세기에 와서 최종적으로 기본적 형태가 만들어졌다. 성찬예배는 복음 중심의 삶에서 얻는 심오한 기쁨을 표현하고 느끼는 현장이다.

예배란 하나님과 인간과의 만남이다. 개인이 아닌 같은 믿음을 가진 신앙 공동체가 말과 행위로 하나님과 교제하는 것이다. 따라서 예배는 단합된 하나님의 소리로서 공동체를 영적으로 끌어올려 창조주 하나님과 교제케 한다. 이 만남을 통해 하나님은 인간을 죄와 죽음에서 구원하시며, 우리에게 영원한 생명을 허락하고, 하나님 나라를 "지금 여기에" 현존케 한다. [18]

9세기경부터 러시아의 공후들은 간헐적으로 세례를 받았고, 실제로 키예프 루스 전체가 그리스도교로 개종한 것은 988년이었다. 당시 키예프 루스의 통치자였던 블라디미르(Vladimir) 공후는 987년에 러시아 땅에 종교를 전해주려는 주변국들의 사절단을 접견하였다. 처음 온 사절단은 이슬람을 믿는 자였고, 다음은 로마 가톨릭을 믿는 게르만이였고, 그다음은 유대교를 믿는 자였다. 그러나 다 받아들일 여건이 충족되지 않았다. 마지막 동방정교의 원리를 전해주자 공후는 그들의 박식함에 탄복하였다.

블라디미르는 한 종교가 자기 백성에게 적합한지를 검토하며 여러 가능성을 조사하기 위하여 사신을 파견했다. 콘스탄티노플

---

18 박찬희, 『동방정교회 이야기』, 137-142.

에 도착하여, 성찬 전례에 참석한 비잔틴 황제를 만나기 위해서
하기아 소피아(Hagia Sophia) 대성당에 인도되었을 때, 만여 개의
촛불이 휘황찬란하게 밝혀진 가운데 성대하게 거행된 예배의식
을 참관하고 돌아와서는 다음과 같은 말로써 동방정교를 찬미하
였다. "소신들은 소신들이 천국에 있는지 지상에 있는지 알 수가
없었나이다. 지상에는 그러한 광휘와 아름다움이 있을 수가 없기
에 제대로 묘사할 바를 모르겠나이다. 다만, 그곳에서는 신께서
인간들과 함께 거하신다는 것, 그리고 그 사람들의 예배의식은
다른 민족의 예배의식보다 더 아름답다는 것을 말씀드릴 수 있습
니다. 소신들은 그 아름다움을 잊을 수가 없나이다."19

　　현자들(사신)의 말에 감동을 받은 블라디미르는 이듬해(988년)
에 세례를 받았고 키예프 루스의 국교는 동방정교임을 만천하에
선포하였다. 그리하여 이후 천여 년 동안 러시아인들의 정신을
지배하게 될 영성의 씨앗이 뿌려지게 되었다.20

　　러시아가 동방정교를 받아들인 것은 무엇보다도 그 예배의식
의 아름다움 때문이었다. 블라디미르는 종교의 원리나 종교에 내
포된 사상 혹은 교의가 아니라 감각적인 아름다움에 매료되어 자
신과 국가의 종교를 결정했다. 동방정교는 로마 가톨릭에 비해
상대적으로 덜 교의적이고 덜 체계적이라는 것이 일반적인 견해
이다. 사실 동방정교는 따지고 논하고 분석하기보다는 관상하고

19 맥구킨, 『비잔틴 전통의 성인』, 193-194; 석영중, 『러시아 정교』, 16-17.
20 석영중, 『러시아 정교』, 18.

전 존재로써 체험하는 데 더 큰 비중을 두었다. 러시아인에게 하나님은 진리와 믿음의 신일 뿐 아니라 아름다움의 신이었고, 그리하여 신앙이란 곧 아름다움이라는 등식이 그들의 마음속에 각인되었다. 아름다움은 곧 진리였으며 진리는 곧 선한 것이었다. 진선미(眞善美)의 합일은 그들에게 있어서 어떤 논리적인 증거나 이론적이고 사변적인 신학을 요하는 것이 아니었다. 전 우주적인 조화의 이상과 자연스럽게 하나가 되어 오늘날까지 러시아의 장인과 화가와 시인들의 가슴속에서 반향하고 있다. 예술은 신의 선물이며 인간은 아름다움을 통해 신과 교감할 수 있다는 확신은 수세기 동안 이어져 온 러시아 문화의 전통이다.[21]

따라서 우리가 감히 진단해 볼 수 있는 것은, 예배의 아름다움, 신앙과 아름다움의 합일은 하나님을 찬미하는 중세문학 작품과 찬란한 이콘과 장엄한 성가, '미(美)가 세상을 구원하리라'는 러시아의 문화와 예술 전체를 아우르며 천여 년 동안 면면히 지속되어 온 영성이라고 할 수 있다.

비잔틴 예전(禮典)을 구성하는 기도들은 그 전성기에 있어서 그리스의 교부신학에서 고양된 것이다. 일반적으로 사용하는 예전은 5세기 초 콘스탄티노플의 대주교인 성 요한 크리소스토무스로부터 기인한다.[22]

---

21 석영중, 『러시아 정교』, 19.
22 브랜들레, 『요한 크리소스토무스』, 7-10; 알렉시우, 『성 요한 크리소스토무스』.
   요한 크리소스토무스는 불의의 권력에 맞선 정의의 설교자였고 평소와 유배 중에

후세 사람들이 크리소스토무스(Chrysostomus, 황금의 입[金口])라 부르는 안디옥 출신과 콘스탄티노플의 대주교 요한, 고대 말엽 교회의 위대한 인물이다.

그는 주일마다 수천 개의 정교 성당에서 거행되는 그의 이름을 딴 전례(典禮)를 통해, 그의 저술들은 오늘날에도 우리 가운데 살아있다.

2. 수도사들의 영성

수도운동은 박해 시기에 사막으로 피신했던 이들도 있었지만, 313년에 콘스탄티누스가 밀라노 칙령을 통해 그리스도교 신앙을 허용한 시점에서 시작되었다. 4세기 초부터 이집트는 엄격한 수도운동의 중심지였다. 수도사들은 청빈과 고행으로 피의 순교가 더 이상 존재하지 않는 시대의 순교자들이었다.

수도운동은 영어로 'monasticism'인데 이 단어는 헬라어 '모나코스'(monachos)에서 유래하였다. 모나코스는 홀로 기거하는 것을 의미하는데, 수도운동은 엄격한 절제의 삶을 열망하고 기도 생활과 하나님을 관상하며(contemplation), 또한 예배하는 삶에 전적으로 자신을 헌신하기 원하는 자들로 시작하였다. 수도운동의 가장 기본적인 요소는 세상과의 단절 그리고 자기 욕망을 제어하

서도 가난한 자들 병든 자들의 진정한 목자였고, 그는 유배에서 순교자로 그의 유해가 담긴 관으로 콘스타틴노플에 귀환한 예수를 닮은 교부였다.

며 수덕(修德)의 삶을 사는 것(asceticism)이었다.[23]

수도사들은 사막, 광야로 은둔함으로써 교회생활에 예언자적이며 종말론적인 성직의 의무를 다하였다. 그들 은수자들은 황량한 광야의 숲속 오두막집이나 동굴, 심지어 무덤 속에서, 나뭇가지 사이에서, 바위 꼭대기에서 고독한 생활을 영위하는 사람들이었다. 은수생활의 큰 모델은 수도 운동의 창시자, 이집트의 안토니오(251~356)이다.

일반적으로 동방정교회 수도원은 서방교회 수도원보다 덜 활동적이라는 말을 듣는다. 동방정교회 수도사의 첫째 사명은 기도생활이다. 다른 이들에게 봉사하는 것도 기도를 통해서이다. 문제가 되는 것은 수도사가 무엇을 하느냐보다는 오히려 수도사란 누구인가라는 질문에 올바른 대답을 하는 것이다.[24]

〈안토니오의 전기(傳記)〉의 저자 아타나시우스는 안토니오가 이집트 전역의 의사(醫師)가 되었다고 썼다. 안토니오는 생의 초기 18세에서 55세까지는 사막에 은둔한 채 고독 속에서 살았다. 그 후 그는 견고한 울타리 안의 생활을 단념하고 방문객을 맞이하였다. 한 무리의 제자들이 그의 주위에 모였고 때로는 아주 먼 데서부터 조언을 받으러 오는 사람들의 모임이 더 크게 생겼다.

수도사들의 외적 과정(課程)의 형태는 거의 같다. 수도사는 우선 수도자 입문을 위해 은둔하여 은수(隱修)한다. 그리고 침묵 속

---

23 박찬희, 『동방정교회 이야기』, 170.
24 강태용, 『동방정교회』, 54-55.

에서 하나님과 그 자신에 대하여 진실을 배워야 한다. 고독 속에서 긴 수련을 한 후에 스타렛츠(장상)로서 요구되는 통찰력의 은사를 얻고서야 자기 독수방(獨修房)의 문을 열수 있고, 그가 은수했던 세계로부터 승인을 받게 되는 것이다.[25]

10세기 이후 정교회 수도원의 주된 중심지는 아토스(Athos)인데, 정상부의 높이가 2천 미터가 넘는 북그리스에 있는 바위가 많은 지역으로 반도이다. 거룩한 산(聖山, Holy Mountain)으로 알려진 아토스는 은수자 조직뿐 아니라 수십 개의 제도적 수도원과 많은 수의 작은 수도원을 포함하고 있다. 아토스 반도는 완전히 수도원 촌(村, town)으로 되었으며 수도원이 팽창해 나가던 시대에는 거의 4만 명의 수도사가 거주한 것으로 전해진다. 20명의 지도급 수도사들 가운데 최고 연장자인 대라브라(Great Lavra)는 혼자서 26명의 총대주교와 144명 이상의 감독을 배출하였다. 이것은 동방정교회의 역사에 있어서 아토스(Athos)의 중요성에 대한 의미를 부여한다.[26]

그 시대의 영적 아버지들은 믿음이 강했으며 매우 소박하였다. 대다수의 영적 아버지들이 많이 배우지는 못했지만 그 대신 자신을 낮추면서 영적인 투쟁을 하였기 때문에 계속해서 하나님

---

25 강태용,『동방정교회』, 56. 스타렛츠는 성령 충만한 영적 지도자, 통찰력과 지혜를 갖춘 지도자, 영적 안내자이다. 콧체,『고대교회와 동방정교회』, "안토니오와 은둔수도원 운동", 293-301 참조.

26 강태용,『동방정교회』, 56; 웨어,『동방정교회의 역사와 신학』, 53.

의 은총을 받았다. 이에 비해 우리가 살고 있는 시대는 어떠한가? 학문적으로는 수준이 높아졌음에도 불구하고 논리를 내세워 지금까지 쌓아온 믿음을 뒤흔들어 놓았으며, 마음속에 질문과 의문만이 가득하게 만들었다. 그 결과는 참으로 뻔하다. 하나님의 기적을 보기 힘든 세상을 만든 것이다. 어째서 그런가? 기적이란 자연스럽게 일어나는 것일 뿐 인간의 논리로는 설명이 불가능한 것이기 때문이다.[27]

3. 예수기도와 헤시카즘 - 쉼 없는 기도와 침묵의 영성

주 예수 그리스도 하나님의 아들이시여 죄인인 나를 불쌍히 여기소서(Lord Jesus Christ, Son of God, have mercy on me, a Sinner).

정교회의 기도 중에 '예수기도'라는 기도가 있다. 이 기도는 다음 성구들이 그 근거를 제공하고 있다. "기도할 때에 중언부언하지 말라"(마 6:7). "예수의 이름에 무릎을 꿇게 하셨다"(빌 2:9-10). 한센병 환자 10명이 "우리를 불쌍히 여기소서"(눅 17:13). 세리의 기도 "불쌍히 여기소서. 죄인이로소이다"(눅 18:13). 여리고 시각장애인이 "다윗의 자손 예수여 나를 불쌍히 여기소서"(눅1 8:38).
정교회 전통에서 '예수기도'는 세 단계의 진행 과정을 가진다.

---

27 파이시오스, 『아토스 성산의 수도사들』, 17-18.

첫째는 입술의 기도로서 외적 자아가 육체의 기도를 통해 하나님의 은총을 구하는 단계이다. 둘째는 마음이 무정념(Apatheia) 상태에서 평정심을 가지고 드리는 내면적 단계이다. 셋째는 성령의 도우심 안에서 심장으로 드리는 육과 영의 연합된 기도 단계이다. 이런 단계는 기도자의 진보와 더불어 기도자체의 성장을 지향하는 것으로서, 마음의 상념을 제거하고 간절한 기도의 반복을 통해 기도의 깊은 단계인 무정념(Apatheia)의 단계에서 자비의 하나님을 만나는 경험을 가져온다.

정교회는 이러한 하나님 경험을 '신화'(神化, Theosis)라고 정의한다. 그리스도의 성육신은 인간으로 하여금 하나님의 성품에 참여하게 한다. 이러한 신화의 단계에서 기도자는 호흡마다 하나님 성품의 담지자인 예수와 하나 됨을 경험한다. '예수기도'에서 가장 중요한 요소는 절대적 침묵이다. 이 침묵기도를 가르켜 '헤시카즘'(Hesychasm)이라고 하는데, 기도자 즉 헤지키스트는 기도 속에서 자기를 말하는 것이 아니라, 내면에서 들려오는 하나님의 음성 듣기를 지향한다.[28]

헤시카즘(Hesychasm)은 정교회 수도사들이 하나님과 합일에 이르기 위한 수단으로서 헤시키아(Hesychia)의 상태를 추구하는 수도방법이다. 헬라어 '헤시키아'는 고요함, 평정심, 침묵 등의 뜻을 가지고 있다. 수도사들은 관상수도에서 고요와 평정심을 통해

---

28 맥구킨, 『비잔틴 전통의 성인』, 제7장 "헤시카즘의 빛나는 침묵"을 참조하라.

인간적 격정(pathos)을 물리치고 무정념의 상태(apatheia)에 이르고자 헤시키아의 상태를 추구한다. 헤시카즘은 13세기 중엽에 정교회 영성의 샘이라 일컬어지는 아토스 성산의 수도사 니케포로스(Nikephoros)가 기도법으로 추구한 이래 정교회 수도사들의 중요한 기도법이 되었다.[29]

'예수기도'에서 수도정신이란 무엇을 뜻하는가? 저자 이에로테오스(대주교)는 다음과 같이 쓰고 있다. "그것은 순종, 겸손, 자기멸시, 기도를 향한 끝없는 갈망이다. 영적 아버지에 대한 순종 모든 이들을 향한 겸손이며, 가장 위대한 활동은 겸손과 거룩함을 얻는 것이다. 그럴 때 우리는 정말 부유해진다. 겸손과 거룩함이 없다면, 아무리 훌륭한 공동체 사업도 금방 흔적도 없이 무너지지만, 거룩함과 겸손이 함께 한다면 아무리 작은 일이라도 놀라운 차원의 열매를 맺는다."[30] 하나님께 순종, 모든 이에게 겸손, 거룩함을 얻는 것의 중요성을 강조하고 있다.

수도정신은 무엇을 하든지 칭찬받는 일과 칭찬을 잃는 일을 항상 명심해야 한다. 따라서 어디에 있든지, 길을 가든지, 운전하든지, "주 예수 그리스도여 나를 불쌍히 여기소서"하고 예수기도를 드려야 한다. 신자들은 "끼리에 엘레이손"(주여 불쌍히 여기소서)라고 기도하며 응답한다.

---

29 맥구킨, 『비잔틴 전통의 성인』, 제7장 참조; 박찬희, 『동방정교회 이야기』, 158-161.
30 이에로테오스, 『예수기도』, 210.

아토스 성산 황야의 한 수도사의 기도 영성에 대한 체험담이 전해진다. "수도사는 나가서 바위 위에 걸터앉았다. 멀리 바다에서 물결소리가 들려왔다. 영원의 온화함이 격해진 내 영혼을 어루만져 주었다. 거대한 고요, 나는 사람이 되신 하나님께서 이 광야를 꽉 채우고 계심을 분명히 느낄 수 있었다."[31]

아토스 성산의 수도원 원장과 수도사는 대화 내내 진정한 신비학적 가르침을 주고받았다. 수도사는 갈멜산에서 엘리야가 그러했던 것처럼, 머리를 숙여 무릎 사이에 두었다. 그리고 예수 기도를 시작하기에 앞서 마음을 훈훈하게 하기 시작했다. 밤 시간은 수도사들에게 아주 역동적이고 생명이 넘치는 때이다. 왜냐하면 바로 이때가 '끊임없는 기도를 수행하는 시간이고, 또 예수를 마음 속 깊이 묵상하고 공부하는 시간'이기도 하기 때문이다.[32]

'예수기도'는 더 높고 깊은 경지로 안내한다. 자정이 훨씬 지났을 것이다. 밤 꾀꼬리가 일어나 노래하고, '통회의 샘'들은 목마른 대지를 흘러적시고, '거룩한 산의 등대'들은 빛을 비추고, '향내나는 그윽한 백합'들은 온 땅을 그 향기로 채우고, 암자들마다 기도소리가 울리고 참회와 빛 비추임의 눈물로 넘쳐난다.…수도사들은 그리스도를 찬양하고 하나님의 은총과 넘치는 자비를 빌기 위해 일어난다.[33]

---

31 이에로테오스, 『예수기도』, 225.
32 이에로테오스, 『예수기도』, 226.
33 이에로테오스, 『예수기도』, 230.

이상의 기도와 명상은 아토스 거룩한 산에서 들려오는 이야기
이다. 예수 기도는 언제라도, 다른 사람들과 같이, 또는 혼자서도,
공동기도로도, 개인 기도로도 할 수 있다. 예수 기도는 모든 세대
를 위한, 어떤 장소이든, 매 순간을 위한, 사막이든, 도시이든, 초
보자이든, 경험자이든, 시간과 장소에 구애받지 않는다. "만약 당
신이 신학자라면 당신은 참으로 기도하고, 만약 당신이 기도한다
면 당신은 참된 신학자이다."[34]

IV. 장공의 십자군과 제3일의 영성

장공 김재준(長空 金在俊, 1901~1987)은 한국 근대사를 살며, 목사
와 신학교수 그리고 저술가로 진리추구와 신앙적 양심으로 사회
역사참여와 구도자적 그리스도인 삶의 본을 보여주었다. 그의 삶
과 진보적 자주적 신학함은 큰 자취를 남겨 신학과 역사의 방향을
찾는 데 길잡이가 된다.

먼저 '영성'이란 '인간과 하나님과의 인격적 사귐', '인간의 자
기초월', '하나님 형상화 작업', '자연 속의 역사 창조' 등으로 설명
할 수 있다. 달리 말하면 현실 속에서 이루어지는 초월 체험과
그 구현이다. 현실과 초월의 만남과 교류, 그것이 종교요 역사이

---

34 이에로테오스, 『예수기도』, 204.

다. 장공의 영성은 초월적이며 현실적이고, 종교적이며 역사적이다. 분명히 장공이 그리스도교와 민족 역사에 평상 솔직하고 충실하려 노력하였던 것도 그의 영적 체험과 구현의지 때문이었다.

장공은 3.1운동 이후, 우리 민족이 일제에 항거하던 무렵에 새 깨달음과 고향을 떠나 신앙의 새 여정을 시작하였다. 가슴이 뜨거워지는 신앙체험, 기도에 열중, 밤새워 성경읽기, 전도와 가난한 자 돕는 마음이 일어나며 삶의 방향이 달라졌다. '새사람'이 됐다고 자의식했다.[35]

그의 진리추구의 마음과 청빈, 무소유의 낭만은 장공에게 신앙체험 전과 체험 후의 삶을 확연히 갈라놓는 분기점(turning point)이 되었다. 이런 거듭남(重生)과 신생(新生)의 체험을 통과함으로 그리스도인 장공의 삶의 시작, 새 출발이 되었다. 동방정교회의 신생체험과 유사한 부분이어서 객관적 성찰이 필요한 대목이다. 그 이후 장공의 삶은 청빈과 진리탐구자로, 사회 역사적 삶의 정황을 안고 책임적인 삶을 보냈다. 장공의 삶은 청빈영성과 생활신앙으로 일관하였다. 이후 우리는 장공의 「십자군」과 「제3일」의 영성에 대하여 고찰하려고 한다.

---

35 김재준, "한 권의 성서", "무소유의 낭만", 『장공 김재준 저작전집』 5, 217-226.

1. 십자군의 영성

장공은 1937년 5월에 개인 신앙잡지 월간 「십자군」(十字軍, The Crusader)을 창간하였다. 장공은 귀국해서 평양에서 얼마 지난 후 간도 용정에서 2년여 지내면서 많은 글을 발표하며, 고독과 혼란의 어둔 시대 상황에서 예언자적 영성과 오직 그리스도의 십자가만 붙잡고 행진하는 '십자군 영성'을 가졌었다. 장공이 잡지 제목을 '십자군'이라 했을 때 그가 의미하는 십자군은 무엇이었는가를 성찰해 볼 필요를 갖는다.

역사적으로 '십자군'은 중세기 성지(예루살렘)회복이란 명분하에 무기로 승리주의에 잡혀 정복 전쟁에 나서서 이교도(이슬람)들을 무자비하게 살육하고 추방했던 파괴적 십자군이었다. 예루살렘이 그리스도교에서 갖는 상징적 중요성을 고려할 때, 그리스도인들이 성지에 자유로이 왕래한다는 것은 당연한 공리라 여겨졌다. 그러나 '십자군'은 성지회복의 목표 외에 다른 과오를 저질렀다. 4차 십자군 원정 때 1203년 7월에 결과적으로 콘스탄티노플을 포위 공격하고 도시를 약탈하고 수많은 생명을 죽였다.[36]

장공에게 '십자군'은 영적 의미를 갖고 그리스도를 총수로 하며 칼 대신 성경으로, 폭력 아닌 사랑의 실천으로 어둠의 시대 상황에 계몽과 선한 사회사역을 추구하는 복음의 일꾼들을 의미

---

36 맥그라스, 『기독교의 역사』, 204-207.

하였던 것이다. 십자군의 참된 의미와 사명적 역할을 찾기 위해서 역사적으로 미국 교회사의 흐름을 관찰할 필요성을 갖게 한다.

한국 선교 역사에 직접 영향을 끼친 미국의 대각성운동 역시 성찰해 봐야 할 대상이다. 19세기 후반에 무디(Dwight Lyman Moody, 1837~1899)는 찬양인도자인 친구 생키(Ira Sankey, 1840~1908)를 만나 동역하였다. 무디는 보수적인 부흥사였고, 그는 1876년에 학생자원운동(Student Volunteer Movement)을 결성하여 수천 명의 젊은 학생들이 "이 세대 안에 세계 복음화"를 실현하는 일에 나서도록 용기를 북돋았다.37 그것이 곧 미국의 세계선교에로 이어지게 한 역사였고, 한국 선교에도 직접 영향을 끼쳤다.

20세기에 개신교 복음전도자 빌리 그래함(Billy Graham,1918~)은 십자군 운동을 기획하였다. 그의 사상은 철저히 분리주의적 근본주의자였다. 그의 경력 초기에 빌리 그래함의 전통적인 복음주의 신앙은 미국의 전통적인 신앙과 조화를 이루었다. 1950년 그는 장기 라디오 프로그램인 "결정의 시간"(The Hour of Decision)의 첫 방송을 진행했는데, 그것은 반공주의 열풍과 복음주의를 전형적으로 혼합시킨 것이었다.38

장공의 '십자군'의 기본정신은 무디(3차 대각성운동)와 그래함(4차 대각성운동)의 승리주의에 도취되어 성장신화를 끌어냈던 것과 반(反)하는 것이었다. 해방 직후부터 한국교회의 양상은 노골적으

---

37 놀, 『미국 · 캐나다 기독교 역사』, 603.
38 놀, 『미국 · 캐나다 기독교 역사』, 604-605.

로 드러난 교권 발동과 그것에 의한 사상 통제였다. 여기에는 미국 선교사들의 물질적, 정신적 가세가 있어서 자못 만용적이었다.[39]

장공은 속간 「십자군」(The Crusader, 1950~1956)을 내면서 보수 근본주의, 한국교회 어두운 상황에서 계몽적 역할을 하며, 개혁교회의 개혁적인 사명에 온갖 힘을 쏟았다. '기장의 탄생', 출애굽 역할을 한국신학대학(당시)의 신학의 고장에서 출범시켰다.

장공은 망국의 백성들이 포로처럼 살아가던 만주 땅 용정에서 '십자군 영성'(Crusader Spirituality)을 체득했고, 1947~1953년 기장 출범 당시 종교개혁자적 사명으로 한국교회의 바른 방향을 향하여 계몽적 책임성을 갖고 용진했던 것이다. 민족수난(6.25전쟁)의 와중에서 교회는 교권 다툼과 교회 분열의 아픔의 이중고(二重苦)를 겪어야 하였다.

장공은 그때 세계교회의 신학적 주류(主流)에 병진함으로써 교회 신학의 본류(本流) 또는 주류에 동참하는 것이라고 다음과 같이 선언하였다. ① 세계교회의 신학은 정통주의에서 그 정반대인 자유주의로 옮겼다가, 다시 종합된 더 높은 차원으로 진행되고 있다. ② 역사문제에 대하여 그리스도교는 인간 역사라는 소재(가루서말)에 하나님 나라라는 속량 역사(누룩)를 심어, 결국은 그 소재인 인간 역사 전체를 하나님과 그리스도의 나라로 변화 또는 감화 아래 있게 하는 '하나님-사람'의 운동이다. '우리는 세계교회와

---

39 「십자군」속간 제25호 (1956년 6월), 10.

병진함과 동시에 전적인 그리스도가 인간생활의 전 부문에 주(主)가 되게 하기 위하여' 전 존재를 바치려 한다는 의미에서 '역사적'이라 하였다. ③ 현실교회 자체의 문제로서 '교회를 교회 되게 하는 것'은 '그리스도와의 일치'라는 인격적 친교에 있다는 것이다. 한국교회는 해방 전후해서 드러난 모습으로 본다면, 그것은 '그리스도와의 일치'라는 것보다 어떤 '우상과의 일치'를 지향하고 있었다.[40]

루터와 그 동역자들이 로마 가톨릭의 교권적 제국주의에서 복음의 자유를 회복한 것이 교회사상에 거대한 생명운동을 전개한 것이었음을 시인한다면, 우리 한국교회의 정통주의적 '바리새이즘'에서 복음주의를 수립하려는 우리의 운동이 교회사적으로 무의미한 것이 될 수 없다는 확언이었다.

2. '94개 논제'는 무엇인가?

종교개혁 500주년에 즈음하여 종교개혁을 향해 급진적인 질문을 던진 신학자들의 '94개 논제'가 전 세계 신학계의 주목을 받고 있다. 이 94개 논제는 2017년 종교개혁 500주년을 기념하는 자리에서 역사적으로 루터가 1517년 종교개혁의 포문을 연 95개 조항을 붙였던 비텐베르크 성교회 정문, 그 자리에 붙게 된다.

---

40 「십자군」 속간 제25호, "대한기독교장로회의 역사적 의의", 1-10.

94개 논제의 신학화 작업은 세계교회협의회(WCC)의 협력기구인 세계루터교연맹(LWF)이 종교개혁 500주년 기념대회를 발의하면서, WCC가 협력하는 것으로 시작되었다. 94개 논제 작성을 위한 5년간의 워크숍을 통해 종교개혁 신학에 정평이 난 학자들이 동원되었다. 특히 프란시스 교황은 94개 논제를 환영했고, 해방신학자인 레오나르도 보프는 94개 논제를 격찬하는 글을 쓰기도 했다.

에큐메니칼 운동의 한 중요한 축을 구성하는 루터의 종교개혁의 유산이 우리 시대에 비판적인 대화를 요구한다는 점에서 94개 논제는 큰 의미를 담고 있다. 그렇게 '종교개혁의 급진화'는 과거인 종교개혁의 뿌리에 내재적 비판을 시도하면서 미래의 새로운 차원을 여는 운동으로 한층 다가설 것이다.

이번에 논제를 94개로 정리한 것은, 우선 '루터의 95개 논제'에 대한 겸손의 표시이다. 94개 논제 가운데, 29조는 십자가의 신학을 다음과 같이 기술하였다.

십자가의 신학은, 십자가와 식민주의 시대 십자군 전쟁 사이의 오욕으로 얼룩진 교회의 모습을 극복할 수 있게 한다. 이것은 민중(minjung)과 만인을 위한 경제 정의와 생태의 생명망의 보존과 연결되어 있는 하나님의 빛 가운데서 드러난 생명신학(부활)을 위해 십자가의 신학을 새롭게 하는 것을 의미한다.[41]

장공은 그의 '십자군 영성'으로 기장의 역사적 존재 의의가 뚜렷하며 또 한국에서뿐만 아니라 전 세계 그리스도교 역사의 본류(本流)를 지어가고 있음을 천하에 공언(公言)한다는 것이었다.

3. 제3일의 영성

장공은 1970년 9월 「제3일」을 창간, 1974년 4월까지 44호를 발간하고, 1974년 10월 「제3일」 속간 1981년 6월까지 60호를 발간하였다(캐나다). 당시 군부 유신 정권에 대한 항거로 발행한 것은 한국교회 역사 속에서 대단히 큰 비중과 의미를 갖는다.

슈바이처가 예수의 죽음과 부활을 그의 『예수전』에서 이렇게 그렸던 것을 생생히 기억하고 있다. "예수라는 한 젊은이가 굴러오는 역사의 바퀴를 전신으로 가로막았다. 그러나 역사의 거대한 바퀴는 그대로 굴러서 이 젊은이를 압살(壓殺)하고 말았다. 그러나 이상한 일이 생겼다. 압살된 그 시체가 그 바퀴에 그대로 붙어 돌아갔는데, 그것이 점점 커지고 커져서 마침내 굴러가는 바퀴를 정지시켰을 뿐 아니라, 그것을 반대 방향으로 전환시켰다."

장공에게 있어서는 예수께서 십자가에 죽었다가 부활한 것을, 악의 정점에 선 인간을 향한 하나님의 '아니오'가 바로 무덤을 열어젖힌 부활이었고, 죽음으로부터 제3일째 되는 날이었다. '제3

---

41 「기독교사상」 2016년 10월호, 62, 76

일'은 오늘의 역사에서 의인이 가진 특권·역사의 희망은 이 제3일에서 동튼다. 이 날이 없이 그리스도교는 없다. 이 날이 없이 새 역사도 없다고 장공은 창간호 「제3일」(The Third Day)에서 외쳤다.[42]

예수의 십자가는 결코 상징(Symbol)이나 장식품이 아니며 미술품도 아닌 무시무시한 '죽음'이다. 콘스탄티누스 시대도 지나가고 후기콘스탄티누스 시대(Post-Constantine Era)가 우리에게 접근하고 있다. 그것은 예수와 함께 죽고 예수와 함께 부활한다는 외로운 죽음의 씨앗에서 싹트는 부활을 되찾는 시대가 오고 있다는 말이다. 관념이나 심볼이나 미술품이 아닌 '몸'으로 죽고 사는 역사의 시대다. 예수의 부활은 역사의 내일을 위한 십자가의 행진에서 그 현실적인 의미가 체득된다는 것이 오늘 우리에게 주어진 진실된 메시지이며 그것이 '제3일'의 영성이다.[43]

장공에게 이 셋째 날은 그리스도교의 존재 이유였고 역사가 희망을 가질 수 있는 근거이자 토대였기에 이를 그리스도인의 영적 정체성이라 여겼다. 따라서 '제3일'은 지난(至難)했으나 궁극적으로 사망(불의)을 무화(無化)시킨 생명 부활의 믿음이며 영성의 본질이었다.

인간 역사와 우주에 하나님의 공의를 뿌리내려 그 힘을 온 땅에 펼쳐야 할 존재가 바로 '제3일'의 영성을 지닌 그리스도인의

---

42 「제3일」 창간호 안 표지.
43 김재준, 『장공 김재준 전집』 11, 87.

운명이며 정체성이었다. 장공에게 그리스도의 몸(교회)은 인간과 우주, 민족과 세계를 아우르는 공동체적 생명을 일컬었으며, 하나님 사랑 안에서 만물이 정신, 영으로 변화하여 자유케 되는 상태와도 비견될 수 있었다. 따라서 그가 믿는 그리스도는, 교회는 물론 세상을 넘어온 우주를 품어 속량할 만큼 넉넉한 사랑의 존재였다.[44]

초대 그리스도교와 동방정교회는 '부활'을 중요하게 여겼다. 부활을 통해 예수는 하나님 현존을 영적으로 매개할 수 있었고, 따라서 역사성을 넘어 종말론적 우주와의 연결고리를 갖게 된 것이다. 예수의 부활로 인해 인간과 우주의 미래, 곧 우주 자체의 전적 변화를 기대할 수 있었다. 장공이 끝까지 잡으려 했던 목표, 곧 우주적 생명 공동체는 천지인(天地人)의 일체 관계성이 회복된, 죽음 본능이 지배(역할) 못 하는 이 땅에 임하는 하나님 나라 모습이다.

---

44 김재준, 『장공 김재준 전집』 18, 528-532.

참고문헌

강태용, 『역사와 신학 동방정교회』, 홍익재, 2010.

게오르크 오스토로고르스키, 하정숙·김경연 역, 『비잔티움 제국사 324-1453』, 까치, 2014.

디모데 웨어, 이형기 역, 『동방정교회의 역사와 신학』, 한국장로교출판사, 2008.

레오니드 우스펜스키, 박노양 역, 『정교회의 이콘신학』, 정교회 출판사, 2015.

레이문트 콧체/베른트 묄러, 이신건 역, 『에큐메니칼 교회사 고대교회와 동방교회』, 한국신학연구소, 1995.

루돌프 브랜들레, 이종한 역, 『요한 크리소스토무스』 분도출판사, 2016.

마크 A·놀, 최재건 역, 『미국·캐나다 기독교 역사』, CLC, 2005.

박찬희, 『동방정교회 이야기』, 신앙과 지성사, 2012.

브루스 쉘리, 박희석 역, 『현대인을 위한 교회사』, 크리스챤 다이제스트, 2005.

석영중, 『러시아 정교 역사·신학·예술』, 고려대학교 출판부, 2007.

알리스터 맥그라스, 박규태역 『기독교의 역사』, 포이에마, 2016.

요아니스 알렉시우 대사제, 요한 박용범 역, 『성 요한 크리소스토무스』 정교회 출판사 2014

이에로테오스, 박노양 역, 『예수기도』, 정교회 출판사, 2013.

『장공 김재준 전집』, 한신대학교 출판부, 1992.

존 메이엔 도르프, 박노양 역, 『비잔틴 신학』, 정교회 출판사, 2013.

존 안토니 맥구킨, 이기영 역, 『비잔틴 전통의 성인들』, 동연, 2015.

파이시오스 수도사, 『아토스 성산의 수도사들』, 정교회 출판사, 2011.

Leo Donald Davis, *The First Seven Ecumenical Councils, (325-787), Their History and Theology*, The Liturgical Press, 1990.

〈논찬〉

"동방정교회 영성의 역사적 고찰"을 읽고

김주한

(한신대학교 신학과 교수, 교회사학)

1

이기영 목사님의 글을 읽게 된 것을 큰 기쁨으로 생각합니다.
우선 위 제목의 글은 독자들로 하여금 매우 흥미를 유발시킬 뿐만
아니라 그 주요 키워드들(동방정교회, 영성, 장공, 십자군, 제3일의 영성)
이 청량감을 주기에 충분합니다. 오늘날 한국교회가 만성적인 '도
덕불감증'에 걸려 '사회적 공신력'이 크게 실추되어 있는 현실을
바라볼 때, '동방정교회 영성과 장공의 제3일의 영성'을 접목시켜
기독교의 개혁적 유산을 현재화시켜 보려는 이 글은 매우 시의적
절하며 오늘날 한국교회가 귀담아들어야 할 소중한 교훈을 담고
있습니다.

이기영 목사님은 짧지 않은 글을 4개의 항목으로 나누어 첫째
항에서 동방정교회 역사를 간략하게 소개합니다. 여기서 저자는
기독교 세계가 동방과 서방으로 분열된 주요 요인들을 설명하면
서 동방기독교가 "로마의 국가 제도", "그리스 문화", "그리스도교

신앙"으로 구성되어 있음을 설명합니다. 둘째 항에서 이기영 목사님은 동·서방 교회로 분열되기 이전 기독교계에서 개최되었던 일곱 개의 공의회를 간단명료하게 설명합니다. 주지하다시피 교회는 신학적이고 교리적인 논쟁들을 '공의회'를 통해 정리하였습니다. 따라서 보편공의회의 가르침은 '정통'으로 인정받아 "교회의 본질적 본성의 살아있는 구현체"로서 위력을 발휘하였습니다.

저자가 초대 기독교계의 주요한 일곱 개의 공의회를 굳이 소개한 이유는 동방정교회(Orthodox)야말로 기독교의 정통교리(Orthodoxy)의 수호자라는 점을 부각시켜 보려는 의도가 깃들어 있다고 생각합니다.

이 글의 본론 부분은 셋째와 넷째 항입니다. 전자 항에서 이기영 목사님은 "동방정교회 영성"을 세 부분으로 나누어 정리하면서 그 핵심을 "예배, 수도사들의 영성, 예수기도"로 나누어 설명합니다. 동방정교회 영성을 토론한 이유는 후자, 즉 "장공의 십자군과 제3일의 영성" 부분에서 알 수 있습니다. 여기서 저자는 장공의 영성을 "초월적이며 현실적이고, 종교적이며 역사적"이라고 정리합니다. 무엇보다 독자들의 흥미를 끄는 대목은 "십자군 영성"과 "제3일의 영성"이라는 표현입니다. 저자는 장공에게 "십자군 영성"이란 '정복주의적이고 제국주의적인' 의미가 아니라 "어둠의 시대 상황에 계몽과 선한 사회사역을 추구하는 복음"을 의미하였다고 주장합니다. 특히 글을 마무리하는 마지막 부분 "제3일의 영성"에서 이기영 목사님이 주장하고자 하는 의도가 나름대로 밝혀져 있습니다.

2

본 논찬자는 이기영 목사님의 글에서 계몽적이며 타당성이 있다고 판단되는 내용들을 다음 몇 가지 항으로 구분하여 성찰적 평가를 해 보겠습니다.

2.1. "공의회의 최대 목적은…합당한 성서적 교리를 제공하는 것"이라는 주장은 새삼 오늘의 한국 개신교회를 향한 교훈이 매우 크다 하겠습니다. 개교회주의가 심화되고, 성서근본주의가 지배한 현실에서 공교회적(혹은 공동체적) 성서해석과 기독교 진리의 객관적인 표준을 확보하는 일은 필수적인 과제임에 틀림없습니다.

2.2. '공의회'가 교리적이고 신학적인 문제들을 공론의 장에서 해결하고, 보편적인 신조나 신앙고백서를 통해 교회적 일치를 추구하는 통로였다는 점에서 그것은 역사적 의미를 갖습니다. 그러나 장공이 지적했듯이 공의회가 교권정치의 도구가 되어 다수파가 소수파를 이단으로 정죄하고 기독교세계를 분열시킨 원인이 되기도 했다는 점은 숙고해 볼 대목입니다. 장공이 "공의회 역사에서 역사적 교훈을" 찾아야 한다고 주장을 하게 된 배경에는 그가 이 글을 쓸 당시(1952년 11월) 교권주의자들의 행태와 맞물려 있음을 알 수 있습니다.

2.3. 예배와 기도, 그리스도인의 삶에서 '동방정교회 영성'을 접목시키려는 관점은 매우 중요한 부분입니다. 이기영 목사님의 지적과 강조점을 고려해 볼 때 과연 현재 '한국교회'와 그리스도인들은 얼마만큼 '영성적인 삶'을 추구하고 있는가? 감히 자신 있게 '그렇다!'고 말할 수 있을까? 본 논찬자의 생각으로는 이 질문에 '그렇다'고 답할 수 없으면 없는 만큼 이기영 목사님의 '동방정교회 영성' 관련 탐구는 시사하는 바가 크다 하겠습니다.

오늘날 한국교회가 사회적 신뢰를 상실하고 상식적 수준의 도덕성도 확보하지 못하게 된 원인은 이기영 목사님이 장공의 "십자군 영성"이나 "제3일의 영성"을 소개하며 의도한 바와 같이 "십자군의 참된 의미와 사명적 역할"의 실종에서 비롯되었다고 해도 과언이 아닙니다. '번영신학'에 기대어 성장주의 신화의 굴레에 갇혀 있는 한국교회 현실에서 장공의 십자군 영성과 제3일의 영성은 매우 도전적이면서 본질적인 문제를 건드렸다고 봅니다. 필자는 '영성'이란 의미가 개인주의적이고 정적주의적인 관점에서 해석되고 사용되고 있는 현실을 감안해 볼 때 교회 현장에서 장공의 사회적 영성을 더욱 발전시키는 과정이 절실히 필요하다고 판단합니다.

3

이기영 목사님이 장공의 영성신학을 교회사적인 맥락에서 토론한 부분은 이 글이 주는 최고의 기쁨이 아닌가 싶습니다. 장공이

주창한 내용들은 기독교 영성의 역사적 전통에서 고찰해 볼 때 영
성 이해의 주체성과 상관성을 동시에 지니고 있습니다. 그런 점에
서 장공의 영성신학은 이질적이거나 상이한 것이 아니라 한국적
상황에서 새롭게 이해한 창조적 해석으로 평가할 수 있습니다.

4

본 논찬자는 이기영 목사님께 몇 가지 질문을 해 보겠습니다.

이 글의 주제도 그렇거니와 글의 전개상 '동방정교회 영성'과
'장공의 영성신학'의 관계성을 파악하는 일은 필수적이라 생각합
니다. 즉 동방정교회 영성과 장공의 제3일의 영성이 만나는 지점
은 무엇입니까? 이 목사님께서 양자의 유사점과 차이점을 비교
설명해 주시면 좋겠습니다.

무엇보다 필자가 제기하고 싶은 것은 '영성'이란 용어의 정의
에 관한 물음입니다. 장공이 정의한 '영성' 개념, 즉 "인간의 자기
초월", "하나님 형상화 작업"이란 의미에 대한 보충 설명이 필요합
니다. '영성'이 하나님과 만남을 목표로 한다면 주지하다시피 바
울-어거스틴-루터와칼빈-칼 바르트로 이어지는 영성 신학은 동
방정교회 전통에서 이해하는 '신화'(theosis) 개념과 차이가 있습니
다. 전자가 '그리스도의 의의 전가'(imputatio) 개념에서 하나님 경
험, 그리스도와 연합을 강조한다면, 후자는 신적 속성과 본질의
고양을 통한 신적 본성에의 참여를 강조합니다. 이것은 신적 본성
의 주입(infusa)을 전제한 이해입니다. 교회사에서 '경건'(pietas)과

'신비주의'(mysticismus)가 갈라지는 지점은 바로 여기입니다. 만약 장공의 "인간의 자기초월", "하나님 형상화 작업"이 이와 같은 동방정교회의 '신화'의 관점에서 해석될 수 있다면 개혁교회 신학 노선에 위치 해 있는 장공 신학의 전면적인 재해석도 가능하겠다는 논찬자의 판단입니다.

오늘날 한국교회에서 무분별하게 사용되는 '영성'은 자칫 신비주의자들이 말하는 것처럼 '본질적 결합'이나 '존재론적인 연합'으로 오해될 우려가 다분하다. 따라서 장공이 말한 "인간과 하나님의 인격적인 사귐"의 영성, "청빈 영성"과 "생활신앙" 영성이 강조되어야 하는 이유는 바로 여기에 있습니다. 끝으로 장공의 영성 신학이 목회현장에서 어떻게 접목되고 구현될 수 있는지 이기영 목사님의 조언을 듣고 싶습니다.

감사합니다.

정교회는 어떠한 정치신학을 견지하는가*

    정교회에 대한 자료를 찾는 중에 10차 세계교회협의회(WCC) 부산총회(2013년)의 신학 자료로 사용한 판텔리스 칼라이치디스 『정교회와 정치신학』을 발견하였고 한국어판 출판을 하기에 이르렀다. 이 책의 원제는 *ORTHODOXY & Political Theology*이고, 교의와 응용시리즈(Doxa & Praxis series) 중의 한 권이다. 판텔리스 칼라이치디스는 교의와 응용시리즈의 편집 책임자이며, 그리스 볼로스의 신학 연구를 위한 볼로스 아카데미의 회장이다.[1]

---

* 이 글은 필자가 번역한 『정교회와 정치신학』(동연, 2020)의 "옮긴이의 글"을 부분적으로 수정한 것이다.

1 칼라이치디스가 발행과 편집에 참여한 총서와 저널은 다음과 같다: The Church and Eschatology, Gender and Religion: the Role of the Women in the Church; Orthodoxy and Modernity: Turmoil in post war Theology; The Greek "Theology of the '60's'" and Orthodoxy and Hellenism in Contem-

이 책은 정교회와 정치신학의 관계를 연구한 것이다. 정치신학은 칼 슈미트가 창안한 것인데 그것은 현실 긍정적 옹호 정치신학이다. 이후에 요한 뱁티스트 메츠, 위르겐 몰트만, 도로시 죌레와 라틴 아메리카의 해방신학자들에 의해 정치 비판적 정치신학으로 바뀌었다. 정교회는 왜 이러한 정치신학의 의미와 내용을 발전시키지 못했는가? 이 책은 신학적 혹은 기독교적 정치 비판적 진보사상이 정교회에서 왜 발전하지 못했는가에 대한 담론이다. '신학적 기독교적 정치 비판' 사상을 발전시키지 못한 문제에 대한 대답은 정교회의 역사적인 고찰을 필요로 한다. 비잔티움의 정치체계는 신정(神政)주의와 황제교황주의(caesaropapaism) 요소와 결부되어 있다. 이 체제에서 정교회는 국가에 첨부종속되고, 국가는 지상에서 하나님 나라의 현현이고, 이교(異敎)로부터 정통신앙을 보호하였다. 이교적 오스만의 지배시대에 정교회는 정복자의 분노, 희생제물로 전락할 위험해 처했었다.

이 책의 저자 판텔리스 칼라이치디스는 오늘날 정교회에서 철저히 비판적이며 진보적인 정치신학의 결여에 관한 문제의 해답이 '정교회 신학의 정체성 위기와 20세기의 내향성(內向性)과 교부신학으로의 회귀' 없이는 불안전할 것이라 한다. 정교회 신학은 기본적으로 20세기 주요한 신학적 토의를 결여하고, 신학적 의제 설정에서도 거의 영향을 끼치지 못했다. 예를 들어 변증법적 신

---

porary Greece.

학, 실존주의와 해석학적 신학, 역사와 문화 신학, 에큐메니칼 신학, 선교 신학, 종교와 타자성 신학 ─ 이러한 20세기의 신학적 활동에서 일어난 혁신들이, 정교회 신학에서는 그 자체의 '내적인' 문제들에 관심했고, 서방의 영향에서 벗어난 것에 우선순위를 두었다.

정교회는 역사으로 사도적 교회와의 연속성에 대한 특징을 지닌다. 정교회는 7개 세계 공의회 결정을 계승한다. '계승'(orthodoxy)이라는 말은 '참된 신앙'과 '참된 예배'를 동시에 의미한다. 신앙과 예배를 표현할 때, 정교회는 성경과 전통의 일관성을 추구한다. 그런데도 에큐메니칼 총대주교 바르톨로메오는 그의 공적(公的)인 연설과 메시지에서 영적인 리더십과 신학적 종말론적인 인식을 보여주면서 '정치적' 혹은 세계의 이슈들─종교와 정치의 관계, 인종차별, 종교적 관용, 평화, 사회적 정의, 빈곤, 경제, 생태학, 환경적 위기─에 헌신하고 정교회 전통의 경험과 뜻깊은 증언을 하면서 희망과 격려의 상징임을 나타내고 있다.

이 책의 내용에서 논의된 주요한 쟁점들에 대하여 몇 가지로 요약해보면 다음과 같다.

1. 정교회 관점에서 이 책에 야기된 쟁점들에 응답할 열쇠는 종말론이다. 종말론은 세상에서 교회의 체류에 스며있는 현재와 미래, '이미'와 '아직 아니' 간의 변증법적 관계에 관련되어 있다. 고대 그리스어 '텔로스'(telos)라는 어휘에 담긴 합의대로, 종말은 '끝'인 동시에 '완성'이며, 그 최후 완성을 향해 정초된 궁극적인

'목표'이다. 아울러, 그 종말은 우주와 역사의 주관자인 하나님을 닮아가는 온전함 또는 성숙함의 과정과 맞물려 있는 개념이다.

구약성서의 종말론적 기대는 그리스도의 인격 속에서 실현되었다. 신약성서의 저자들은 교회를 구약성서의 하나님 백성들의 그리스도 안에서의 연속과 재확립으로 나타냈다. 교회는 새로운 이스라엘 "은총에 의해 택함 받은 남은 자"(롬 11:5)인데 구약성서의 모든 약속이 유효한 마지막 때 하나님의 거룩한 백성이다. 교회는 종말론적 백성으로, 어느 때, 어느 장소에서도 일치의 종말론적 신비를 나타내고 실현하도록 모든 종류의 차별과 분열(종족, 성별 종교, 문화, 사회적 계급, 계층, 직무)을 그리스도 안에서 극복하고 실현하도록 부름을 받았다. 성 요한 크리소스톰이 명민하게 요약했듯이 "교회라는 이름(ecclesial)은 분리의 이름이 아니라 일치와 조화의 이름이다."

오히려 종말론은 심지어 지금 미래 시대의 삶을 맛보는 것이고, 다가올 하나님의 나라 삶의 모든 측면에서 —따라서 또한 사회적인 것, 정치적인 것을 포함해서— 능동적 기대이다. 하지만 예상되는 왕국은 "이 세상으로부터"가 아니고(요 18:36. "내 왕국은 이 세상의 것이 아니다") 그것은 여기에 "영속하는 도시"를 갖는 것이 아니라, 오히려 "장차 다가올 도시"(히 13:14)를 추구한다. 왜냐하면 이 세상의 형태는 사라질 것이기 때문이다(고전 7:31). 하나님의 왕국은 미래로부터 그리고 지배, 불의, 분열, 쇠퇴, 죽음으로부터 자유롭게, 새로워지고 변형된 하나님의 새로운 세상으로부터 다가온다.

그래서 우리는 역사를 통해서 교회의 모든 문제점과 실패들에도 불구하고, 교회가 여전히 종말의 비전에, "새 하늘 새 땅"(계 21:1), 새로운 인류애와 새로운 창조(고후 5:17)의 비전에 초점이 맞춰져 있는지를 또 왜 일상의 실천에서 분투하고, "모두의 일치를 위해서" 신정한 전례에서 기도하는지를 그리고 우리 모두가 하나님과 동료 인간들과의 보편적 친교를 위해서 아울러 예수께서 대제사장적 기도에서처럼, "그들을 모두 하나 되게 하소서"(요 17:21)라고 끊임없이 쉬지 않고 노력하는 것을 이해할 수 있다.

2. 탁월한 정교회 신학자들의 지침에 의하면, 교회의 정체성, 교회로 교회되게 하는 것은 신앙고백이나 도덕성 완성이 아니라 거룩한 성체성사이다. 거룩한 성체성사는 성례적인 의례나 경건함의 개인적인 종교적 표현이 아니며, 주교나 성직체제의 권한과 지배를 확증하고 강조할 기회도 아니다. 신성한 성체성사가 신정(神政) 논리의 복잡한 부분에 따라서는 동로마 황제의 유형과 자리로 보이거나, 그리하여 그리스도의 유형과 자리에 서 있는 것으로 보이는 세속적 통치자인 황제의 역할과 권위를 촉진하기 위해서 제공되는 것은 더더욱 아니다.

거룩한 성체성사는 교회인 그리스도의 몸의 일치와 친교의 신비이다. 그것은 참여와 평등, 하나님과 우리 인간과 피조물 사이의 보편적 친교의 신비이다. 모든 종류의 신체적 속박과 위계, 타락한 성별, 인종, 국적, 언어, 문화, 사회계급, 계층 출신에 의한 차별이 상대화되고, 극복된 것이다. 이것이 예루살렘 초기 기독교 공동체의 예배와 생활이다.

기독교는 근원적으로 역사적인 반면에 그것은 역사 이후인 실재—하나님의 왕국—쪽으로 지향해 있고, 이 실재는 비록 역설적이나 종말이 끊임없이 역사 안으로 침투하고 있는 이미 역사적 현재에 영향을 밝히기 시작하였다. 이 모든 것은 예측과 기대와 태도와 '이미'와 '아직 아니' 사이의 그리스도의 초림과 재림 사이의, 그리스도의 부활과 우리 자신의 부활에 대한 기대 간의 그리고 타락하지 않음과 죽음의 권세에 종언을 의미하는 역사의 재현 간의 긴장을 말한다. 고백자 성 막시무스의 주석에서 '상징'에 관해 말한 것처럼 "구약성서의 일들은 그림자이고, 신약성서의 일들은 이미지(像)이며, 미래의 일들은 진리이기 때문이다."

3. 교회와 국가의 정치적 입장은 내용, 범위 실행에 있어 근본적인 차이가 있다. 참으로 교회의 정치적 메시지 내용은 우선적으로 모든 인간 존재가 하나님의 성화상이며, 인간 각자는 탁월한 타자는 특히 사회적 약자, 죄악과 불의의 희생자들 그리고 그리스도 안에 있는 형제자매 중 보잘것없는 사람의 성화상이다. 그때 정치에 대한 교회의 입장은 "의에 주리고 목마른 사람들"(마 5:6)을 겨냥하고, 그리스도가 거부했던 유혹에 굴복하거나, 기적으로 돌을 빵으로 바꾸는 것이나, 도스토옙스키의 〈대(大)심문관의 전설〉의 독창적 개념에 의한 권위주의적이고 마술적인 방법에 굴복하지 않고, 모든 억압적인 권위의 (종교적, 정치적, 경제적인) 전제주의

적인 면모를 폭로한다. 베르자예프의 유명한 경구 "내 자신을 위한 빵은 물질적인 문제이지만 내 이웃을 위해서 한 사회적, 정치적 행위는 영적 깊이와 감춰진 그리스도적 차원을 드러내고자 함이다."

기독교 혁명가이자 혁명 이후 최초의 소비에트 의회에서 사회주의자혁명당의 대표였으며, 후에 소비에트 체제에 의해서 추방되어 파리에서 살았던 베르자예프의 전 생애와 거의 모든 풍성한 저작물들은 잘 알려진 바와 같이 사회적 혁명적 기독교에 대한 변호, 불이익을 당하고 억압받는 자들을 위해 일하는 기독교의 목소리의 대변 그리고 기독교 사회주의와 무정부주의에 대한 옹호를 위한 것이었는데, 이 모든 것들이 영적이고 개인적인 자유의 핵심적인 주제 위에 기초해 있다. 베르자예프 자신이 직접 예언자적으로 쓴 『러시아 공산주의의 기원』(1935~1936) 마지막 장에서 다음과 같이 언급했다.

> 이따금 마치 소비에트 정부는 양심의 자유, 철학적 사색의 자유, 영적 문화를 창조하는 자유를 허용하기보다는 차라리 경제생활에서 자본주의의 회귀로 나아가는 것처럼 보인다. 종교와 기독교에 대한 이러한 혐오는 기독교의 과거에 깊숙이 그 뿌리를 두고 있다.…
> 만일 반종교적 선전이 마침내 러시아사람들의 영혼에 있는 기독교의 모든 자취를 파괴하려고 한다는 것이 허용되고, 모든 종교적 감정을 말살한다면, 공산주의의 현실적 실현은 불가능해질 것이다. 왜냐하

면 어느 누구도 기꺼이 희생하려 하지 않을 것이고, 어느 누구도 삶을 더 높은 목적의 봉사로서 이해하지 않을 것이며, 최종적인 승리는 자신의 이익만을 생각하는 자아추구 타입 인간의 수중에 있을 것이기 때문이다. 이 마지막 타입의 사람들은 심지어 오늘날에도 이미 적지 않은 역할을 하고, 부르주아(유산 대중)적 정신의 성장은 그 때문이다. … 예언자에게서, 복음에서, 서신서에서, 대부분 교회의 박사들에게서, 부에 대한 비난과 재산에 대한 거부 그리고 하나님 앞에서는 모든 사람이 평등하다는 것을 긍정하는 것을 우리는 발견하게 된다. 성 대바실리오스나 특히 성 요한 크리소스톰에게서, 부와 소유에 기인하는 사회적 불의 에 대한 심판이 철저하여 프루동과 마르크스도 그들 앞에서 창백해질 정도이다. 교회의 박사들은 재산은 절도라고 말했다. 성 요한 크리소스톰은 물론 자본주의와 산업시대의 공산주의는 아니지만, 완전한 공산주의자였다. 공산주의는 기독교의, 또는 유대-기독교의 기원을 갖고 있다고 주장하는 좋은 근거들이 있다. 그러나 기독교가 당시 황제의 제국에서 국교로 채택된 시대가 곧 도래했다. … 공산주의의 문제는 기독교인 양심의 각성을 자극하고, 사회적인 종교로서의 기독교에 대한 이해의 의미에서가 아니라, 사회생활과 관련하여 기독교의 진리와 정의를 드러내는 의미에서, 창조적인 사회적 기독교의 발전으로 나아가야만 했다.

참으로 교회가 세상을 변화와 갱신할수록 더욱 권력과 지배의 정신이 시들고 그 자리에 사랑, 자유, 카리스마적 봉사(diakonia)가

꽃 필수록 법률 권력 권위가 없이 성부와 성자와 성령의 왕국의 삶은 더욱 역사 안에 계시된다.

구원의 복음은 예수의 어머니 마리아가 엘리사벳을 방문했을 때, 마리아의 찬가에서 해방과 반(反)권위주의의 메시지를 가치와 우선순위로 했다. 그의 팔로 힘을 보이사 마음의 생각과 교만한 자들을 흩으셨고 권세 있는 자를 그 위에서 내리치셨으며 비천 자를 높이셨고 주리는 자를 좋은 것으로 배불리셨으며 부자는 빈 손으로 보내셨도다"(눅 1:51-53). 이 "탁월한 타자"(the Other par ex-cellence)는 사랑과 봉사 정신에 관한 설교와 가르침으로 우리에게 단지 물질적인 것만을 제공하는 것이 아니라, 스스로 삶과 성육신 된 사랑과 봉사, 희생과 봉사의 성육신화된 선례(先例)가 된다. 이 미 시작되었고 종말에서 완성을 기다리는 하나님 나라의 새로운 세상은 하나님의 평화, 자유, 사랑, 봉사(diakonia)에 의해 정의된다.

4. 우리가 무시하려고 노력하는 바는 '기독교인'의 제국, 비잔 티움의 신정(神政), 고대 이스라엘 혹은 고대 로마에서처럼, 세상 적인 영역과 종교적인 그것 사이, 황제의 영역과 하나님의 그것 사이의 노선(경계)을 더럽히는 신정으로의 회귀를 동경하는 것이 다. 중세의 '성스러운 제국'은 동방과 서방 형태 모두 다 명백한 실패작이다. 비잔티움의 역사는 기독교 정치에서는 모험이었고 성공적이지 못했고 불행한 실험이었다. 하나님과 황제는 두 실재 (實在)로서 양립할 수 없는 생활양식의 두 영역으로 정의된다. 그 것은 끊임없는 변증법적 관계 속에 잠겨있다. 예수 그리스도는

하나님의 존재 양식처럼 사랑 신성 포기(kenosis), 봉사(diakonia)를 계시한다. 반면에 황제의 방식은 억압과 지배, 공포와 권력이다.

결국 종말론은 현재와 미래 간의, 긍정과 부정 간의, 정치 참여와 정치를 초월하는 것 간의 변증법으로부터 분리될 수 없다. 세상과 역사를 포기하든, 아니면 세상과 역사에 흡수되어 세속화하든 교회의 어느 면에든 위험은 상존해있다.

5. 수도원주의는 수도사적이고 금욕적인 정신과 그것의 자발적인 체념의 기풍과 더불어, 항상 기독교인들의 세상에서의 여정을 위한 가장 좋은 선례를 제공했다. 수도원주의는 그 자체가 '기독교화된' 제국의 어떤 불신으로부터 생겨났고, 흔히 교회의 세속화에 대항하는 반항아로서, 세속적인 사고방식과의 절충의 거부로서, 또 다른 종류의 연방제, 사회를 건설하려는 시도로써 풀이된다. 수도원주의는 종말론의 파수꾼이고 교회에 대한 종말론적 양심이다.

결국 종말론은 현재와 미래 간의, 세상의 긍정과 부정 간의, 정치의 참여(도시 생활)와 정치를 초월하는 것 간의 변증법으로부터 분리될 수 없다. 세상과 역사를 포기하든, 아니면 세상과 역사에 흡수되어 세속화되든, 교회의 어느 면에서든 위험은 상존해있다. 수도원주의는 그것의 수도사적이고 금욕적인 정신과 그것의 자발적인 체념의 기풍과 더불어, 항상 기독교인들의 세상에서의 여정을 위한 가장 좋은 선례를 제공했다. 반면에 또한 교회의 종말론적 정체성에 대해서 보초를 서고 영구한 경계를 유지했다. 사실상 수도원주의는 그 자체가 "기독교화된" 제국의 어떤 불신으로 부터 생겨났고, 흔히 교회의 세속화에 대항하는 반항아로서, 세상 및 세속적인 사고방식과의 절충의 거부로서, 또 다른 종류 국가와 또 다른 종류 사회를 건설하려는 시도로서 풀이된다. 그것은 시모 노페트라의 수도원장 에밀리아노스가 다음과 같이 강조한 것과 같다: "수도원주의라는 역사적 제도의 출현은 세계사에 있어서 매우 중요하고 기본적인 계기였다. 하지만 시간과 장소와 더불어 뒤이은 수도원주의의 성공적 단계는, 시초에 이교의 역습과 압력 으로부터, 그러고 나서 사회생활의 세속화로부터, 이단으로부터, 분파 등으로부터, 우리 자신의 천식성(喘息性)의 시대로 계속된 영 향에도 불구하고, 기독교인의 공동체들에 대한 종말론적 경험을 그러나 보존했었다."

수도원주의는 종말론의 파수꾼이고, 교회에 대한 종말론적 양 심이다. 그리고 세상의 우리 기독교인들이 오늘날 매우 시급하게 필요로 하는 것은, 가혹한 정치적 방법들의 모방이라기보다는 오 히려 광야의 정신과 사고방식에 기초한, 엄밀하게는 바로 이러한 종류의 수도원주의인 것이다.

정교회는 확고한 종말론과 풍부한 교리적이고 전례적인 정체 성을 가졌다고 알려져 있지만, 정치신학을 강력하게 발전시키지 못했다. 이 책의 저자는 에큐메니칼 맥락에서 사상 최초로 주의 깊게 분석적으로 평가하여, 정치적 무대에서 정교회의 공적 증거를 발전시키는 열쇠는 성체성사의 공동체와 새로워진 종말론이며, 개인적·사회적·우주적인 가능성 있는 하나님의 능동적 재창조에 대한 깊은 신앙과 기대라고 주장한다.

동방정교회의 역사와 영성

2021년 3월 2일 초판 1쇄 인쇄
2021년 3월 9일 초판 1쇄 발행

지은이 | 이기영
펴낸이 | 김영호
펴낸곳 | 도서출판 동연
등 록 | 제1-1383호(1992. 6. 12)
주 소 | 서울시 마포구 월드컵로 163-3
전 화 | (02)335-2630
전 송 | (02)335-2640
이메일 | yh4321@gmail.com

Copyright ⓒ 이기영, 2021

이 책은 저작권법에 따라 보호받는 저작물이므로 무단 전재와 복제를 금합니다.
잘못된 책은 바꾸어드립니다. 책값은 뒤표지에 있습니다.

ISBN 978-89-6447-646-8 03200